社会に流布する価値観が変わり、それが新たな偉人の誕生をもたらした。たとえば憐憫の情はもともとカトリックの伝統に深く根ざしているものだが、今日ではそれがとても強まって、新たなタイプの男女の英雄たちが考慮されるようになった。世論調査によれば、第二次世界大戦後に貧しい人々の救済に尽くしたピエール神父〔フランスの聖職者、一九一二―二〇〇七〕や、マザー・テレサ〔インドのキリスト教宣教師、一九一〇―九七〕が偉人の仲間入りを果たしている。

植民地化に関連することはすべて評判が落ちたせいで、フランス人ではないが、ネルソン・マンデラ〔南アフリカの人権運動家、大統領。一九一八―二〇一三〕やマーティン・ルーサー・キング〔アメリカの牧師、公民権運動家。一九二九―六八〕といった人が、英雄の列に加わった。それと同時に、騎士の典型であるバヤール★や、一九一八年当時連合軍の総司令官だったフォッシュ元帥★は忘れ去られた。この種の英雄はもはや生徒たちから称賛されることはなくなったのである。

七月王政期に形成され、第三共和政期――日本の明治時代と同時期――に完成した国民の偉大な物語が、まるごと疑問視されるようになった。なかにはその物語をきびしく批判する者までいる。こうして近年、論争が巻き起こった。ある者たちは、生徒の脳裏からクローヴィス★、シャルルマーニュ★、ジャンヌ・ダルク★、ルイ十四世★、あるいはガンベッタ★までが忘れ去られる危険があると嘆き、学校で国民の偉大な物語を再び学ぶべきだと主張する。またある者たちは、かつて教えられていたそのような歴史があまりに国民的だと指摘し、何よりもまず奴隷制や植民地主義のおぞましさ、女性の立場の苦しさ、同性愛嫌悪の弊害を強調すべきだと言う。幸いなことに当面、学校でも政府でも、責任者たちがこの二つの見方をなんとか調整しようと努めている。

タイトル（原題『息子に語るフランス史の英雄たち』）だけ見れば、私が「国民の偉大な物語」への回帰を支持している、と考える読者もいるかもしれない。しかし、本書の意図はまったく異なる。一定の時代に英雄がどのように創られ、場合によってはその英雄がどのように貶《おとし》められたか――それを検討するのが目的だった。ある者は一時期英雄視され、その後忘却された（バヤール★）。生前のある時期に英雄とみなされたペタン★（第一次世界大戦の功労者）は、その後罵倒されることになった（第二次世界大戦中は対独協力者にして反ユダヤ主義者）。いずれにしても、本書は読者の関心を引き、フランスでさまざまな考察を促した。

先に指摘したように、日本の明治と、フランスで国民の偉大な物語が構築されたのは同時期のことである。このような時代の比較に意味があるかどうか、私にはよく分からない。とはいえ、二十世紀、二十一世紀の日本において英雄や偉人がどのように作られ、貶められたのかを教えてくれる著作があれば、私としては喜んで読みたいところだ。現在のフランスがそうであるように、こうしたことは日本でも論争を誘発したのだろうか。

二〇一四年二月

アラン・コルバン

マエルに、そしてフィリップ、ブノワ、オーレルに捧ぐ

「英雄や偉人たちの崇拝は、時代や文化によって様々な形を身にまとうものの、あらゆる人間社会に見受けられる。英雄の呼びかけは、個人の意識にも集団の意識にも響きわたる。賛嘆するようにと公けに勧められたり、もしくは国民がこっそり好んだりするタイプ以上に、ある一国の国民の心を説明してくれるものはないだろう。」

——一九四八年六月から四九年十月にかけてフランス世論研究所により実施された、フランス人が賛嘆する人物たちに関する世論調査の調査結果序文

英雄はいかに作られてきたか　目次

付録 217

英雄はいかに作られてきたか

フランスの歴史から見る

凡例

一、本書は *Les Héros de l'histoire de France expliqués à mon fils*, Seuil, 2011. の邦訳である。原題を直訳すれば「息子に語るフランス史の英雄たち」であり、第Ⅰ部が子どもと父親の対話形式になっているのは、そのためである。

一、本書第Ⅱ部で項目として立てられている人物には、本文中で星印★を付した。

一、〔 〕は訳者による補足である。読者の便宜を考えて、歴史的な人物と事件を中心にかなり多くの注を付した。

第Ⅰ部

本書は、『息子に語るフランス史の英雄たち』というタイトルで仏本国で出版された。それ故、第Ⅰ部は、息子の質問に父コルバンが答える形式になっている。

——編集部

僕が小、中、高で先生たちから覚えなさいって渡されたみたいな、フランス史の英雄目録を作るんでしょう。難しそうだね。

ああ、難しいとも。君の言うとおりだ。なぜなら、ある時期に英雄、ないし偉人として知られていた人間の目録は、たえず変化するものだからね。二十世紀と二十一世紀を通して、こうした人間たちの彫像の多くが、劇的に、取りはずされ、ひっくり返され、こわされた。とくにレーニン、スターリン、もっとあとではサダム・フセインの像の破壊のように、みなの記憶に残る衝撃的な場面のことだよ。ヨーロッパでも、長い間ほめそやされてきた人々が、そのあとで、忌み嫌われた。ムッソリーニ、ヒトラー、フランコ、それから少し程度はちがうものの、ペタン★などは、賛嘆から嫌悪へと態度がひっくり返ったことのよい例だね。

二十世紀は、英雄や偉人を称賛することに対する疑いが大きくなった時期なのかな？

そうは思わない。フランス革命などは、称賛のはかなさがもっともはっきりした時期の代表だ。市民のエネルギーと美徳の化身だと思われていたダントン★とロベスピエール★は、ほどなくギロチンにかけられた。このことをなによりよくうかがわせるのが、マラーの場合だ。マラーの壮大な葬儀は、フランス革命のもっとも感動的な儀式のひとつだった。それなのに、パンテオン〔パリにある国家の偉人を祀る霊廟。詳しくは「解題」を参照のこと〕におさめられたマラーの遺灰は、ほどなく下水道に捨てられたのだ。

復古王政期〔一八一四―一五、一八一五―三〇〕には、「簒奪者《さんだつ》」（ナポレオン一世★）を想起させるすべての象徴が、かき削られ、もぎ取られ、破壊された。こうした態度の急変として特徴的なのが、ルイ十六世の名声だ。一七九三年、「最愛王」〔ここではルイ十六世を指すが、一般的にはルイ十五世について使われる表現〕はギロチンにかけられた。そのころは、怪物の衣装を着せられて描かれていた（マリ＝アントワネットはハルピュイア〔顔は女で体は鷲の怪物〕の衣装だった）。ところがそのあとで、復古王政期を通して、ルイ十六世は、聖人ではないにしても殉教者としてあがめられ、彼の遺書はフランス国内の教会で読まれたのだ。ルイ十八世以外の十九世紀の君主たちは、みな、いっときどんなに栄華を誇っても、追放されてその人生を終えている。こうしたことはみな、英雄と偉人の地位の変わりやすさをはっきりと示す例だ。

英雄たちについて授業で教わったけれど、みんなぜんぜん似ていないと思うんだ。英雄たちにちがいがあるのだとしたら、いくつかのカテゴリーに分類できるんじゃないのかな？　分類できるとしたら、どんなカテゴリーになるかな？

分類することはもちろん可能だとも。人々の心に賛嘆の念を引き起こし、それを人々の記憶にそれなりに長くとどめるには、模範性のタイプがいくつか存在する。この模範性のタイプをひとつずつ検討することからはじめよう。

英　雄

西暦一世紀から二世紀にかけて生きたギリシャ人作家プルタルコスは、古代ギリシャ・ローマのもっとも偉大な英雄たちを二人ずつ比較した、『対比列伝』というすばらしい著作を残した。プルタルコスはこうして、その後の何世紀にわたり、模範的な伝記シリーズと、文章の書き方の手本と、そして英雄と偉人に特化した歴史への嗜好を提供することになった。『対比列伝』以上に、賛嘆の念を導き、男らしいふるまいに影響した本はおそらくなかっただろう。

たしかに『対比列伝』の影響は、それ自身ひとつの歴史を持っているのだが、ここで語るにはあまりに長いので、次のことだけ述べておくとしよう。プルタルコスが語ったような英雄は、中世に、騎士を前にいっとき道をゆずった。騎士は、その勇敢な性格、領主への献身、奥方に対する忠誠、キリスト教の信仰と敬虔さによって、古代のタイプとは区別されたのだ。しかしルネッサンス以降、とりわけアミヨ〔ギリシア語学者で、プルタルコスの著作を仏訳した。一五一三―九三〕による翻訳のおかげで、『対比列伝』は真の魅惑を発するようになった。『対比列伝』はすぐさま模倣された。こうして、十六世紀のもっとも偉大な作家の一人ブラントームは、『著名かつ偉大なるフランス人隊長列伝』、および『偉大なる外国人隊長列伝』を出版したのだ。

『著名人物列伝』と題された本の数々は、以降ずっと中学生たちに配られ続けた。第二次世界大戦の終わりまで、たくさんの生徒たちが、『著名人物列伝』でラテン語の基礎を学んだのだ。十七世紀には、プルタルコスの『対比列伝』を、ルイ十四世★の前で夜、ラシーヌ〔悲劇作家、一六三九―九九〕が読んでいた。モリエール〔喜劇作家、一六二二―七三〕は『対比列伝』を、『女学者』で引用した。しばらくのちには、ジャン＝ジャック・ルソーが、『対比列伝』こそ少年期に自分が影響を受けた本だと告白し、死の前日に読む最後の本はこの本であってほしいと願った。ジャン・ジョレス★は『フランス革命社会主義史』の銘句としてプルタルコスを引用した。十九世紀をつうじては、出版業界が、たとえば『家族向けプルタルコス』や作品要約など、読者のカテゴリーに合わせた翻訳を行なった。

われわれに関係することで一番重要なのは、第一帝政期〔一八〇四―一四、一八一五〕における「プルタルコス」タイプの影響力だ。ナポレオン一世★の治下、歴史教育はまるまる武勲を讃える方向へと変化した。高校ではナポレオン軍の報告書を読むことが義務づけられた。最新の栄光と古代の栄光とが融合させられたというわけだ。ナポレオン軍は新たなる『イーリアス』〔ホメロスの叙事詩〕の中に生きていた。皇帝自身、ペルシャ的、ギリシャ的、ローマ的英雄の特性を備えていた。皇帝はアレクサンドロス大王〔古代マケドニアの王、前三五六―前三二三〕、ハンニバル〔カルタゴの将軍、政治家、前二四七―前一八二〕、カエサル〔古代ローマの将軍、政治家、前一〇一頃―前四四〕、ソロン〔古代ギリシアの政治家、立法者、前七世紀―前六世紀〕といった、プルタルコスの登場人物にたとえられた。フランス語教育と同様、ラテン語教育も、戦争と英雄について生徒たちに作文をさせる機会になった。

生徒たちは、ナポレオンの兵士たちの功績と、アレクサンドロス大王もしくはカエサルの兵士たちの功績を比較するようにうながされた。生徒たちにとっては、自分たちが運よく体験することのできた叙事詩を書く、ということになる。生徒たちの詩の大部分は、軍隊の栄光にささげられた。表彰式のときの演説も、また同じだった。

この、現在の栄光の祝賀とでも言うべきものは、石にも刻まれている。戦死した英雄たちの霊をほめ称えるために、オーステルリッツの戦い〔一八〇五年、ナポレオン軍がオーストリアとロシアの連合軍に勝利を収めた戦い〕の記念柱のような建築物が作られ、ランヌ元帥〔一七六九―一八〇九〕のように軍人がパンテオンに埋葬された。教会では説教師が、シナゴーグ〔ユダヤ教の礼拝堂〕では祭司が、この栄光の言説を先唱した。

だが詳しく分析してみると、もともとはプルタルコスの影響を受けたこの英雄の肖像だが、実は複合的なものであることがわかる。英雄の肖像の中には、誠実、忠誠、公平無私の騎士道資質の称揚や、フランス革命の際の市民資質の誇示が再見されるのだ。ナポレオンは、共和暦二年〔一七九四年〕に作られた武装国家の神話をみずから引き受け、ナポレオン軍はグランド・ナシオン〔大国〕の名声を継承したのだ。

その後、一世紀以上にわたって、軍事訓練は健康な若者たちに課せられた儀式のようなものだった。軍隊は兵士に、市民であることの証明を与えた。一八七〇―七一年の敗北の直後には徴兵制が制定されるが、これは通過儀礼のようなものとして捉えられることになる。

プルタルコスにヒントを受けたこの英雄のタイプだけれど、今でも賛嘆の念を呼び起こすの?

それはほとんどない。軍隊の栄光と、戦場で死んだ者が示すヒロイズムだが、その価値の低下には、武力のもとに死んだ兵士が殉教者として、ついで戦争暴力の犠牲者として認識されるよりも前からの長い歴史があって、そこにはいくつかの特徴的な山場が見られる。すでにアイラウやワグラムやワーテルローといったナポレオン軍のいくつかの戦場は、偵察員たちに、そして実際に戦った兵士たちにはなおさらのこと、恐怖を呼び起こしていた。だがこの感情は、兵士たちの価値をよりいっそう高めるだけだった。

アンリ・デュナン〔スイスの慈善家、一八二八―一九一〇。国際赤十字の設立者で、一九〇一年に第一回ノーベル平和賞を受賞〕が一八五九年にソルフェリーノの戦場〔イタリア独立戦争の際の戦場〕を訪れたときの体験には、戦争に関するヒロイズムの信用失墜が、よりしっかりと根づいている。大殺戮の跡を前にして、赤十字の創始者の目には、勇敢な衝動も、雄々しさも、戦の熱狂も、動物的欲動のレベルにまで落ちた。これらはみな、殺人欲を別の言葉で言い表したものにすぎなかった。叙事詩は忘れ去られた。みじんとなった肉体が関心を集めた。この傾向はその後もとどまることはなかった。

第一次世界大戦のあと、フランスとドイツの作家たちは、兵士たちの耐えがたい苦痛を、みごとな本にして語った。両大戦間は、「グール・カッセ」〔顔面に重傷を負った兵士〕や、毒ガスの犠牲者の存在、そしてアベル・ガンス〔フランスの映画監督、一八八九―一九八一〕の『戦争と平和』〔一九一九年の反戦映画〕と題された映画が、戦場や砲火にさらされる肉体を、示し告発した。第二次世界大戦の、爆撃によって粉々にされた肉体の光景や強制収容所の情景は、一人ひとりを、武力を用いた争いのおそるべき現実に直面させた。これらすべてが、現代における軍事的ヒロイズムの信用失墜を説明してくれる。そして、ユダヤの子どもたちを救った「正義の異邦人」のような、恐怖に立ち向かう真の英雄が現れたのだ。

聖人

■聖王ルイ★はフランス史におけるこのうえない英雄だって教わったよ。一般的に、聖人も英雄ととらえていいの？

聖人は、一見、英雄についての本には関係がないように思える。というのも聖人は、その多くの特徴から、英雄の正反対をなしているからだ。だが時代が進むにつれて、いくつかのタイプを組み合わせた、複合型の人物が何人も出てくる。聖王ルイ★、ジャンヌ・ダルク★、ヴァンサン・ド・ポール〔カトリック司祭にして聖人、慈善活動に尽力した。一五八一―一六六〇〕、それからルイ十六世も彼なりに複合型の人物の一人だ。現在ピエール神父やエマニュエル修道女〔エジプトで活動した修道女、一九〇八―二〇〇八〕に寄せられている賛嘆のことも忘れてはならない。つまるところ、聖人と英雄の区別はいつでも容易なわけではないのだ。

それでも聖人が、それ自身としては、英雄や偉人、それに立派な家柄の領主とは完全に異なることに変わりはない。英雄や偉人や領主というものは、その身を、ボシュエ〔フランスの作家、一六二七―一七〇四〕に言わせればまるで海の時化のような人生の動乱の中に投じる。彼らの栄光はつかの間のものだ。彼らは「水の中を大騒ぎをしながらかき分けて進むが、結局通った痕跡は何も残らない、あの大きな魚たち、あの海の怪物たち」のようなものだ。「こうした『力』は、このように、世の中を、大きな音をたてて、あれこれと見せびらかして通ってゆく。だが、彼らが通りすぎるやいなや、もう何も見えず、何もかもが消えて、その跡は何も残らないのだ。」これとはまったく逆に、聖人は、極貧、禁欲、苦行の実践をする。聖人とは、自己犠牲と知られざる献身の人なのだ。聖人は世の中のまばゆい輝きを避ける。聖人は現世の利益を放棄する。聖人は、彼にとってのほんとうの生、彼をどこかでずっと待っているはずのほんとうの生をなす、あの世に望みをかけているのだ。

聖人の行動が英雄や偉人の行動と正反対であるとしたら、それは聖人が、『伝道の書』と『ヨブ記』〔どちらも旧約聖書中の一書〕によって、人生が風や塵や無にすぎないことを知っているからだ。創造物ははかない。よって聖人の目から見れば、偉大さを追求したり、華々しい快挙をめざすなど、おろかなことなのだ。だからキリスト教の聖人は、独自の方法で、ギリシャの哲学者エピクテトゥスが推奨した、無分別な欲望の放棄を実践するのだ。聖人は、古代のストア派たち、セネカ〔ローマの哲学者・政治家、前五頃—後六五〕、それに皇帝マルクス・アウレリウス・アントニヌスが求めた、心おだやかなふるまいを取り入れる。マルクス・アウレリウス・アントニヌスは『自省録』で書いている。「昔の名高い人々はいったいどこへ行ったのか。人間に関わることは煙と無にすぎない。」

初期カトリック教会の教父たち、とくに古典画家たちが何度も描いたヒエロニムス〔初期キリスト教の教父、三四二頃—四二〇〕のように砂漠に住みついた教父たちは、精霊からもたらされたその瞑想によって、長きにわたってきわめて強い影響力のあるタイプを提示することになる。

十七世紀フランスは、栄華はむなしいというこのキリスト教的概念をたいそう強調した。この概念は、英雄たちや領主たちに対する賛嘆の念を、深いところでむしばんでいった。ルイ十四世★の葬儀の日、王の棺の前でマションン〔聖職者、一六六三—一七四二〕は声を上げた。「兄弟たちよ、神のみが偉大なのです！」英雄や偉人の腐敗する死体について語るというのは、宗教的雄弁術の決まり文句のひとつだった。そして画家たちは、栄光のむなしさについて考える戦士を好んで描くようになる。重要なのは、来世のみなのだ。

この感情は復古王政期にいっそう強まることになる。ベリー公〔国王シャルル十世の息子で、暗殺された。一七七八—一八二〇〕の死やルイ十八世〔フランス国王、在位一八一五—二四〕の死にまつわる話も、やはりこの観点から考えるべきだ。ブルボン家の人間たちの死に様が称揚されているのだ。つまり、「プルタルコス」タイプの論理の一環をなしていた軍事的栄光は、人間に関することはむなしいというキリスト教的感情にむしばまれ続けたということになる。

同時に、これとはまた別の感情が、軍事的栄光の信用失墜に加担する。この感情は十九世紀半ば以降のロマン主義者の中にも見られるのだが、もとはキリスト教の教義に基づくものだ。貧者や辱められた者の偉大さ、のちにヴィクトル・ユゴー★が書くところの『マグニチュード・パルヴィ』〔『小さき者の偉大さ』）の再認識である。

　この逆説的な偉大さの再認識の根源は、キリスト教にある。福音書の教えに応えているのだ。すでに旧約聖書で、それはダビデ〔イスラエル王国の建設者、？—前九六二頃〕の姿で示されている。ダビデはしがない一家の中でももっとも軽んじられていた、まったく無名の青年だったが、神によってイスラエルの王に選ばれたのだ。聖ヨセフ〔聖母マリアの夫にして、キリストの父〕についても、ボシュエは演説の中で、「イエスとともにかくれ」「なぞの沈黙」に包まれた「闇に覆われた人生」を生きた男、「みずからの手以外何も受け継ぐものがなく、みずからの店以外何も財産を持たないあわれな職人」と述べたが、ここで聖ヨセフは、名声に助けられることなく、「物言わぬ謙虚さ」の中で花開く、ほんとうの栄光を持つ者として示されている。貧者たちの卓越した尊厳は、最後の審判のとき理解されるのだから。

　このことは、十九世紀になると、当初修道院長たちから誰よりも能力の低い者とみなされていたあのアルスの司祭〔聖ジャン＝バティスト＝マリー・ヴィアネー、一七八六—一八五九〕によって例証される。司祭はほんの少しの物しか必要とせず、みずからの肉体を死体のようにみなしていた。マリアがラ・サレットやルルドやポンマン〔いずれも聖母マリア顕現の奇跡が起きた場所〕で無教養な子どもたちを選んで姿を現したことも、熱心なカトリック教徒には、小さき者の偉大さを示しているように思われた。

ロマン主義者たちによってうたわれ手を加えられた小さい者の偉大さは、ロマン主義時代の感性の主要な源のひとつだった。小さい者の偉大さは犠牲者信仰の系譜の中にも入れられるが、この犠牲者信仰もまたキリストに由来するものであることを言っておかねばなるまい。

啓蒙時代の偉人

■よい領主や、勇ましい兵士、それに聖人とはちがう、別の種類の英雄はいる？

もちろんいるとも。たとえば啓蒙時代の偉人だ。その肖像は、十八世紀を通じて、「文人」たちによって少しずつ描かれた。文人たちは、国の偉人たちを称えることを自分たちの使命とし、偉人たちが体現する資質を人々に示す占有権を確保したのだ。

こうして、賛辞の文学は一新された。そして初めて、はっきりとした形で、学者たちが「称賛」文学と呼ぶところの、ひとつの文学ジャンルになったのだ。称賛文学は、それより一世紀前に開花した追悼演説とはまったく別のものだった。追悼演説の権威はもはや失墜した。追悼演説は、あまりに阿諛《あゆ》追従《ついしょう》しすぎたために、すたれたもの、卑屈なものとされてしまった。追悼演説は、人間存在のむなしさと神の恩寵の役割を過度に強調しているように思われたのだ。

絵画以上に、建築と彫刻が、とりわけ柱やピラミッドやとくに石碑の建立が、さらには胸像の急増、それから表示板やありとあらゆる碑文が、偉人たちを称賛するために協力し、偉人たちの記憶を保とうとした。

この文学の、芸術の、もしくは単純に記憶の活動は、想像上の霊廟《パンテオン》の創設に、領主の系譜とはまったく異なる、才能と徳の共和国を形成する理想的な議会の計画へと行き着いた。

啓蒙時代の哲学者たちは、偉人の功績とは、遺伝によるものではないと考えた。偉人とは、相続人ではないのだ。偉人の偉大さのもとは、神の手、恩寵ではない。偉人の肖像は、世俗宗教の形成に一役買ったのだった。

偉人は、自分の生きている時代の意見や、何が必要とされているかを知っている。まずは民衆の意見と、民衆が必要とするものだ。偉人は何よりもまず、公益への愛に駆り立てられる。彼の行動は有益性の社会倫理に裏付けられているのだ。権力に加担したとしても、それは徳の勝利をもたらすためだ。偉人からすれば、啓蒙君主と、すぐれた政府の役人たちは、人々の幸福のために努力するものなのだ。

偉人は、英雄のように、華々しい行動をする人間ではない。偉人の名声は、一瞬の出来事によるものではないのだ。偉人の偉大さは長い辛抱のたまものだ。日々のエネルギーの行使の中で、少しずつ生まれるのだ。

偉人の称賛は、何よりもまず、偉人を人々の手本にすることを目的とし、多くの場合、社会的役割に関連した徳を強調する。だから称賛文学は、読者の前に、国民を啓蒙した哲学者や、国によい法律をもたらした立法家や、その法律を公明正大に執行した司法官や、富を生み出す見識ある生産者や貿易商らの、長い目録を広げるのだ。その目録が、王や兵士を徹底的に省いているというわけではない。だがそこにおさまるには、王や兵士はなんらかの徳を持っていることを示さなければならないのだ。シャルル五世〔フランス国王、在位一三六四—八〇〕、ルイ十二世〔フランス国王、在位一四九八—一五一五〕、さらにフランソワ一世★は偉人とされたが、それは文化を渇望するようすや芸術の熱烈な賛美者であることを示したからだ。シュリー〔軍人、政治家でアンリ四世★の政治顧問。一五六〇—一六四一〕とコルベール〔政治家で、ルイ十四世★治下に財政総監を務めて財政立て直しに貢献。一六一九—八三〕はよい大臣とされたが、それは民衆の幸福に身をささげたからだ。兵士の中にも、国のために命を危険にさらしたり犠牲となったがために、偉人とされる者がいた。同じ称賛の言説は、家族の中で尊敬されるよい老人の徳といった、私的な徳も称揚した。

その後、フランス革命は、啓蒙時代の偉人の特徴を留めおき、それを「プルタルコス」的英雄タイプと組み合わせた。古代の徳がそのころ流行っていたということだ。一瞬の勇気ある行動が、一瞬の高潔なふるまいが、ふたたび評価されるようになったのだ。

一七九一年、スフロ〔建築家、一七一三—八〇〕によって建築されたサント・ジュヌヴィエーヴ教会は、パンテオンに変わった。偉人たちは像としておさめられ、無人の空間パンテオンは、彼らの記念にささげられた。だがこのころ、偉人たちを称えるための祝宴やその行列といった別の光景も見られるようになり、それらはみな教育の機会となった。マラーのときのように、葬儀は、フランス革命の模範的な殉教者を称え、ときには、信仰とも呼べるものの創始に貢献した。それと平行して、こうした儀式の中では、「怪物」たちに社会的制裁が加えられた。繰り返すが、フランス革命は、敬意というものがはかない時代だった。数年の間に、英雄たちや偉人たちの灰が、パンテオンから下水道へと移っていったのだ。

ロマン主義者にとっての英雄

フランス革命のあと、新しいタイプの英雄は現れたの？

現れたとも。だがロマン主義者にとっての英雄は、啓蒙時代の偉人よりもずっと複合的で、定義が難しい。というのも、十九世紀の最初の三分の二を生きた才能ある作家や哲学者たちは、みなそれぞれ、英雄の肖像を、自分がこうと思ったとおりに描こうと専念していたからだ。とはいえ、いくつかの主だった特徴が必然的に見られた。

偉人と同じように、ロマン主義的英雄もまた、人々の手本だった。だがそれよりもまず、ロマン主義的英雄は、時代の代表として、そして民衆の指導者として出現したのだ。ロマン主義者の多くが、人間はすべて英雄信仰を抱いていること、みなそれぞれ賛嘆したい欲求に駆られていること、そして民衆は自分の真の姿を知らされ、大胆さとエネルギーを感じた人間に導かれなければならないことを確信した。逆に言えば、ミシュレ〔歴史家、一七九八―一八七四〕が何度も繰り返すように、英雄は彼を支える民衆の衝動なくしては何者でもないのだ。

同じ論理から、英雄は自分がある使命を担っていることを知っている。みずからの運命を越え、ときには、みずからの役割についての自覚さえも越えてしまう、あるひとつの託宣を抱えていると感じている。ロマン主義者たちによれば、英雄は「思想」の具現を可能にする。つまり、英雄は進歩の道具なのだ。

使命をよりよく全うするために、英雄は、時代の要求を知り、自分が生きている世の中の流れを読み、世の中の未来を先取る能力を示さなければならない。現在と未来を連結できなければならないのだ。

これらすべてのことから、英雄はエネルギーにみちあふれており、そしてそのエネルギーが時宜を得てはっきりと現れることが前提とされる。だからこそ英雄は魅惑するのだ、たとえまなざしだけであっても。このことに関しては、ナポレオンがゲーテとの短い会見の際、たったひと目でゲーテの中に抑えきれない賛嘆を起こさせたことが、よく例としてあげられる。

つまりロマン主義的英雄とは、時代の化身であり、代弁者であり、象徴でもあるのだ。英雄は自分が生きている歴史的瞬間に順応しているわけだが、未来をかすかながら予見しているため、その歴史的瞬間を支配していることになる。こうした事柄はすべて、大衆を熱狂させるカリスマ性のある人物を予告していた。

ヴィクトル・ユゴー★は、偉人や英雄たちの運命について深く考えた末、こうした人々は夢と行動の結合を象徴しており、あらゆる空間的制限を超越するのだと断言した。これについてユゴー★が例として選んだのは、ナポレオンが実行した空間横断だった。ローマからカイロへ、ブーローニュからウィーンへ、そしてグラナダからモスクワへ……。

第三共和政〔一八七〇―一九四〇〕の寄与

一八七六年以降繁栄した第三共和政は、反教権主義だったため聖人は除外されたものの、英雄や偉人たちに大きな関心を示した。われわれの歴史の中で、この時期ほど多くの記念碑が建てられ、多くの像が作られ、多くの胸像が設置された時代はなかった。これについては、彫像崇拝《スタチュオマニー》という言葉が使われたほどだった。当時の観光案内でも、どんなに小さな街においても称えられているこれら雄々しい軍人たちの、学者たちの、芸術家たちの、慈善家たちの、それから、行政官たちの像をながめに来るようにと勧められていた。墓地もまた、こうした記念趣味を反映していた。像を造りたいというこの欲求がいかに強かったかを測るには、今日のパリのペール・ラシェーズ墓地を訪れてみれば十分だ。

この記念熱であるが、国家規模ではティエール★（政治家、歴史家で、第三共和政期に大統領を務めた。一七九七―一八七七）、ガンベッタ★（彼についてはまた後でふれよう）、それから一八八五年以降はヴィクトル・ユゴー★の三人に集中した。この三人の像には、マリアンヌ（フランス共和国を象徴する女性の寓意像）の姿をした共和国のアレゴリーがつけ加えられた。中等教育における古典文化の授業で保たれてきた「プルタルコス」的英雄タイプは、こうした状況から、偉人信仰とともに保たれることになった。十九世紀は折衷主義の時代で、つねに、あらゆる分野において、様々な時代の寄与が組み合わせられていたことを、決して忘れてはならない。

一八七〇―七一年の戦争の兵士たちや死者たちを像にしたこと、もしくは彼らの、とくにガンベッタ★に組織された国防軍の武勲を象徴化したことは、戦争に負けたことによるトラウマと、それを追い払う必要性から説明される。よって軍人はもてはやされた。戦争の「慰霊碑」の初期のもの（リモージュにすばらしいのがひとつあるが）は、かつて帝政期にそうだったように、現在を古代にすることに貢献した。あのたくましいベルフォールのライオン（普仏戦争で包囲されたベルフォールの要塞の下に造られたライオンの像〕がパリで展示されたことは、戦争のヒロイズム称賛の頂点を象徴している。

小学校で、それも一世紀近くにわたって、教科書に載せるフランス史の英雄目録が作られてきたのには、こうした背景があった。英雄目録は、第二次世界大戦が終わるまで、根本的に問題視されることはなかった〔フランス世論研究所による一九四九年の世論調査を参照、本書二一二頁〕。これに関しては、エルネスト・ラヴィス〔歴史家、一八四二―一九二二〕が作った小学校教科書の役割を強調しておくべきだろう。

英雄や偉人たちの信仰は、功績と見なされるすべてのものに与えられる名声や、さまざまな受賞者名簿を好む態度と一致していた。表彰式のとき、いちばんよくできた生徒に授けられた月桂樹の冠や、クラスでいちばんの生徒の上着につけられた勲章は、この時代特有の栄誉への渇望を反映していたのだ。

一九四八年〔前述のフランス世論研究所の世論調査の実施年〕以降の賛嘆の原動力の変化

お父さんが小学校に入ってからは、どんなことが起こったの？　英雄のタイプは、ずいぶんと変わったの？

まずそのことから話そう。言い忘れていたが、誰かを嫌悪したいという欲求は、誰かを賛嘆したいという欲求と並行するものだ。第三共和政期の教科書の作者たちは、そのことをよく理解していた。だからこそ彼らは、百年戦争を語る中で、イザボー・ド・バヴィエール〔シャルル七世の母親、一三七一―一四三五〕について、醜悪な肖像を描いたのだ。この悪しき妻、悪しき母親、悪しき王妃、悪しきフランス女は、そのあくどさによって、ジャンヌ★〔ジャンヌ・ダルク〕の勇敢な姿を引き立てていたのだ。嫌悪された人物たちについて研究すれば、また別の本ができるだろう。

かつての英雄たちの数名、とりわけ名のある大尉や将軍たちに対するその後の不人気の原因、つまりフランスにおける軍事的勝利文化の衰退とともに、賛嘆の念が衰えることについてはすでに言及した。賛嘆の念の衰えと共に、軍隊での勇敢な行動に対しても軽蔑の念が強まっていくのが見られた。この感情は、接近戦が少なくなることで、つまり兵士であふれかえった戦場というものがなくなり、戦いがますます離れた敵同士の間で、ときにはほとんど相手の姿が見えないような敵同士の間で行なわれるようになったことで、いっそう強まった。戦う英雄が残虐性と紙一重であるだけに、これらのことは軍事的栄光という概念の崩壊を説明してくれる。

数名のフランス兵がアルジェリアで行なった拷問の事実について今しきりに言われていることや、あらゆる番組がアブグレイブ刑務所〔戦犯となったイラク兵士に対する米軍の拷問が行なわれた〕の不正をこれでもかと見せつけていることは、かつて戦功が帯びていたある種の透明な清らかさが失われてしまったことを明らかにしている。

　同時に、戦争被害者たちが今度は注目を集め、この人たちへの共感、というよりむしろ賛嘆の念の高まりが、これ見よがしのヒロイズムへの不信を増大させる。すでに見たように、個人ではなく集団に、小さき者の偉大〔マグニチュード・パルヴィ〕を示すすべてのものに目を向けようという配慮から高まった感情だ。今や第一次世界大戦の「ポワリュ」〔第一次世界大戦の兵士のこと〕たちの栄光が、ジョッフル元帥〔一八五二―一九三一〕やフォッシュ元帥★〔ジョッフル元帥とともに第一次世界大戦の英雄、一八五一―一九二九〕の栄光を上回ってしまったのだ。

　賛嘆の原動力は、これとは別の形でも変化した。当時の人々はただ軍事的栄光から目を背けただけではない。彼らは植民地への冒険やその英雄たちの称揚を組成していたものを、ないがしろにした、というより罵倒したのだ。人類学者たちが文化の相対性を強調し、長い間馬鹿にされてきた文化の数々が偉大であることを明らかにしてからというもの、西洋文明を広めたいという欲望はその意味も正当性も失った。歴史家たちは、帝国主義がつむぎ出した植民地政策が虐殺と略奪を伴っていたことを示した。それらは、長い間英雄的行為とされてきたことを行なったもっとも高貴な人物たちさえも、次々に汚すこととなった。

　十九世紀末以降、地球上の白い斑点、つまり未知の土地の印はなくなった。地理学の知識によって、探検家たちのヒロイズムは忘れられた。福音書の教えが文明の進歩と密接に関連した重要な使命とみなされなくなった点においては、宣教師という人間も、威信の一部を失った。

とくに、十九世紀末から第二次世界大戦が終わるまで人々に知られていたような「冒険」の概念が消滅したことで、両大戦間に英雄とされた一連の冒険家たちは忘れ去られた。この「冒険」というのは、当時文明のいまだ枠外にあると思われていた土地において自己の震えるほどの感動を見出したいと欲し、わざと死と隣り合わせの危険を冒す、たいていの場合、教養があって、文学に影響を受けた人間たちの冒険のことである。

政治の領域ではかつて、カリスマ性を持つ英雄たちの威光が、独裁者たちに魅了される大衆の時代をもたらした。その後そうした英雄たちが消滅した結果、人々は慎重に賛嘆の念を表明し、言葉や演出に熱狂しないようになり、もっとも興奮した群衆の真っただ中にあっても批判精神を保つようになった。とはいえ、こうした慎重さは長い間限定されたものだった。そのことは、第二次世界大戦終結のずっとあとに多くのフランス人作家が書いた、スターリンの栄光を熱狂的に称賛する文章が証明している。

イデオロギーの相対的な衰退は、右派と左派に建てられた政治的パンテオンの数々をも襲った。より一般的に言えば、進歩への希望が明らかに薄れていったことで、この感情によって行動を保たれてきた人間たちすべての威信が弱まったのだ。この点において、あとで詳しく述べることにするが、啓蒙時代の偉人たちや第三共和政の創始者たちのような、進歩の使徒の威光が衰えたことは示唆的である。

科学的発見が個人的なものでなくなり、学者個人に対する賛嘆の念は薄れた。科学の分野において、進歩は、たいてい大人数の、チームでの仕事となった。ノーベル賞が数人に授与されることで引き起こされている昨今の議論は、賛嘆の対象を一個人にしぼることの難しさを証明している。

重要なことはやはり、倫理の分野、第二次世界大戦が終わるまでは「道徳」と呼ばれていた分野に関わっている。社会におけるいくつかの価値が低下したことは、それらの価値を持っていた人間すべてに対する賛嘆を衰えさせた。こうして、「祖国」や、「国家」や、「労働」などの名を引き合いに出していた英雄たちみなに対する賛嘆も衰えた。

教育に関しては、国民の偉大な物語の歴史に与えられていた重要性の下落、「現在主義」と呼ばれる現代への関心の集中、時間の奥行きに対する感覚の衰え、世界の中でフランスは衰退しているという思い、地球全体に対する好奇心の強まり、これらが少しずつ、フランス史の英雄たちに対する、そしてまた別の国の歴史に対するフランス人の関心と賛嘆を弱めていった。

それと同時に、英雄製造の新しい方法が現れた。ここまで何度か、同情や人道主義といったものの高まり、貧者の偉大さの称揚、一言で言えばキリスト教的価値全体の再出現について話してきた。最近、テレビの某司会者が、「司祭さま」たちについて話をしていたのだが、この人たちは、多くの特徴において聖人の模範的な姿を宿しているという。

ここで明らかになるのが、教皇、ダライ＝ラマ、それからラビ〔ユダヤ人社会の霊的指導者〕、イマーム〔イスラム教集団の指導者〕の誰彼に関わらず、霊的な使命を受けているとされる重要人物たちが、現代の不幸な出来事の数々について態度を表明することを社会とメディアが望んでいるということである。

反人種差別主義であれ、性差別反対主義であれ、宗教的狂信やあらゆる「原理主義」への嫌悪であれ、英雄は（少なくとも西洋においては）今大事だと思われる価値を体現していたからこそ英雄として認められた。マエル、君の話を聞いてすぐにわかったんだが、君が小学校以来賛嘆するよう言われてきた英雄を三人あげるとしたら、マーティン・ルーサー・キング牧師〔アメリカの牧師、公民権運動家。一九二九―六八〕とネルソン・マンデラ〔南アフリカの政治家、一九一八―二〇一三〕とバラック・オバマ〔アメリカの政治家、黒人初の大統領。一九六一―〕だろう。最初の二人は反人種差別主義のために苦労した人たちだし、三人目はその戦いの勝利を象徴していたからだ。テロリズムの人質など、なんらかの犠牲者を英雄化させるのも、これと同じ種類の感情だ。

地球を救うのではないにしても守る者のように、砂漠で教えを説く預言者のように現れるニコラ・ユロ〔ジャーナリスト、一九五五―〕やヤン・アルチュス＝ベルトラン〔エコロジスト、一九四六―〕といった人々の、いささか冷淡で、一見英雄化するようなものを持たないひたむきさが、かつてのような冒険する英雄たちに代わる人物像を示しはじめている。同じような観点から、「極端なもの」の魅惑という、賛嘆をひきおこす新しい偉業のなし方についても、じっくりと考える必要があるだろう。これは、実際には死の危険など求めていない、まことしやかなやり方であり、ある意味、かつての冒険に回帰していると言える。

このやり方は、子どもや若者をはぐくむ「ヒロイック・ファンタジー」もまた取り入れている。英雄に関する漫画の専門家たちの見事な分析をここで紹介できないのは残念だ。第二次世界大戦の後、フランス史の英雄たちは熱心にほめ称えられた。そしてその後、この賛嘆は消えてしまった。

これまで述べてきたものよりもずっと深いところで及ぼされる賛嘆の原動力や過程が、歴史には存在する。称賛の言説の信用失墜と変化は、英雄創出に重くのしかかった。大げさなほめ言葉は耐えられないものになった。これに関連していた文学ジャンルもほとんどなくなってしまった。同様に宗教書も、賛辞にはまったく場所を割かなくなった。これらすべては、模範性の欲求が損なわれたことに並行する。かつての英雄の多くは、今も尊ばれてはいるものの、その思い出が行動までは呼び起こしてくれない亡霊になってしまった。

そこに、かつてアンドレ・マルロー〔作家、政治家、一九〇一―七六〕が指摘したような、二つの急変が加わる。自己の記述、つまり私的な日記や手紙、自伝、ブログなどが増えるまでは、ある人々を英雄や偉人と見なしたり賛嘆するのに、その人々についての詳細な知識は必要とされていなかった。こうした人々の行動や偉業は、ちょっとした人生の細部や性格の素描をまじえて語られていれば十分だったのだ。ジョワンヴィル〔中世の歴史家、一二二四頃―一三一七〕によって描かれた聖王ルイ★や、ボシュエによって称えられたコンデ公〔ルイ十四世★に仕えた軍人、一六二一―八六〕は、あいまいな姿のままではないか。ましてや私が小さいころ賛嘆させられたバヤール★〔騎士、一四七六―一五二四〕については、どうだろう。戦場での態度が、しばしばそれだけで人を英雄化していた。マレンゴで戦死したドゼー〔将軍、一七六八―一八〇〇〕、人々にほとんど知られていなかったドゼーがそうだった。

その後、少しずつ、賛嘆の的となる人物について詳しい知識が必要となっていった。すると人物像は複雑になり、英雄化するのが以前よりも難しくなった。そしてその人物の偉大さは、はっきりしないものになっていったのだ。

十九世紀以降、精神医学は、一見もっとも尊敬できるように思える人物たちの中にある、欠陥や、闇や、底知れない部分や、深淵までも暴いてきた。かつてひとつも汚点がないように見えていた輪郭を、精神医学はゆがめてしまった。こうして十九世紀末の心理学者たちは、神経症者を追いつめて、パスカルの、ルソーの弱さを暴露し、神秘思想家の偉大さを病理と同一視した。一言で言えば、このころから、賛嘆の単純性は少しずつ取りのぞかれていったのだ。英雄たちの中には、こうした分析によって、ほんとうの怪物に変えられてしまった者もいた。

今日では、これらすべての理由から、現在ないし過去の人物の誰彼に対して感じた賛嘆の念を公言する前に、みなそれぞれ慎重さを見せるようになった。反対に、嫌悪することはおろかなこととは捉えられず、危険もまったく伴わなくなった。君も、非難するのは容易で、称賛するのは難しいということを、今や新聞がよく理解していることに気づいただろう。

英雄決定機関

この人は英雄のカテゴリーに入るって、誰が決めるの？　英雄や偉人たちの目録を作るのは誰？

英雄たちというのは、これまで見てきたように、作られるものだ。だから、駆け足にであっても、英雄たちに対する賛嘆の感情を提案し、教えこみ、維持する主要な機関を一つひとつ検討して、この機関を導く価値観、規範、意図、それから、この機関が目的に達するために用いる手続きをつきとめる必要がある。

フランスでは、文化省と国立中央文書館の後援で、国家祝賀上級委員会が熱心に仕事をしている。こうした運動の極致がパンテオンへの埋葬なのだが、今では例外的になってしまっている。第二次世界大戦以降、パンテオンに埋葬されたのはせいぜい二十人程度だ。国葬もまた、祝賀の壮大な形のひとつだ。一八八五年のヴィクトル・ユゴー★の国葬によって帯びた重要性については後述する。

第一帝政期と、一八二三年と、一九一九年には、荘厳な凱旋式がフランスの武力と英雄たちを称えた。なにより頻繁なのが、フランス共和国の一年の暦を区切る記念式典だ。ときおりお祭り騒ぎも伴うものの、こうした記念式典は、十一月十一日〔第一次世界大戦の終戦記念日〕であれ、五月八日〔第二次世界大戦の終戦記念日〕であれ、ヴェルディヴの大量検挙〔ヴィシー政権下でのユダヤ人の大量検挙、一九四二年〕の記念日であれ、モン・ヴァレリアンの虐殺〔ドイツ軍によるレジスタンスの活動家や捕虜の銃殺、一九四一年〕の記念日であれ、たいていの場合が葬儀だ。

繰り返すが、英雄たちの記憶のために記念碑を増やしたり、像や胸像を造ったり、広場や並木道や大通りや学校などに彼らの名前をつけて思い出を保とうとするのは、昔からの慣わしだった。それでも、英雄や偉人たちの記憶を保持してきたのは、他のどの機関よりも、教育だった。この点で、教科書や辞書における彼らの位置は、決定的だった。それから、偉人の誰彼の思い出を維持するための協会についてもふれておかなければならない。こうした協会は、フランス全土に何百も存在する。

英雄の創出と称揚をもたらすものと同じくらい意味深いのが、英雄の資格剥奪の手続きだ。だから歴史家のジャン＝ピエール・シャリーヌ〔一九三九―〕は、辞書の作者たちが、時間が経つにつれて、以前はほめ称えたものの、もうたいして長所はないと思った人物たちを、どのように新版から削除したかを追究しようとしたのだ。

同じ観点から、像の撤去と溶解の研究は必要だと思う。像の撤去と溶解は、さまざまな動機に基づいている。ときには、第二次世界大戦中の場合のように、像の破壊は、人物のことはあまり考えずに、銅を手に入れたいという単純な欲望によるものでもある。通りから邪魔なものを取りのぞきたい、交通循環をよくしたいという思いだけでも、像の撤去の決定には十分だ。空間に関する新しい視覚美的感覚の高まりによって、しばしば、見晴らしをよくしたいとも思われるようになった。二十世紀初頭のベル・エポック以降、室内から骨董品や小さな像が処分されたのとの同じように、多くの町の行政官たちが、偉人たちの像の数々を撤去して溶かしてもよいと判断した。もう記憶を保つ必要もない過去の悪趣味な金ぴかものを、厄介払いしたいと思ったのだ。

同じころ、寓意や象徴への感受性の低下は、都市空間を飾っていた法、正義、工業、もしくは農業を表現した多くの像を溶かすようにうながした。繰り返すが、像や胸像の破壊が大きな象徴的価値を帯びていたという根本的なことに変わりはない。

フランス史の英雄や偉人たちに寄せられた賛嘆の歴史は、あらゆる英雄化の手続きの成功ないし失敗をはかり、記憶の中に生き続けているかどうかを判断し、賛嘆が維持されているか否かを探る努力なしには語れない。そのためにさまざまな調査結果があるのだが、その価値にはばらつきがある。

もっとも確かな基準となるのは、一つのサンプル、ないし無作為に作られたいくつかのサンプルに基づいて行なわれた世論調査だ。フランス世論研究所によって一九四八年と四九年に実施された世論調査は、この賛嘆の歴史にとって決定的な時期に実施され、結果を性別によって、ときには社会的帰属によって提示しているという長所がある（**付録四**参照）。

　発行部数の多い新聞の中には、読者たちの英雄や偉人たちに対する賛嘆について調べたものもある。とくに膨大なのが、一九〇六年に『プチ・パリジャン』紙によって実施された調査だ。というのも、これは一五〇〇万人の男女の読者を対象としたからだ（**付録三**参照）。最近、月刊誌『歴史《イストワール》』が同じような質問票を読者たちに送った。当然のことながら結果はそれほど意味のあるものではなかった。読者たちは歴史に関心のある人々の代表でしかないからだ。最後に、こうした調査は、フランス人の好きな人物についての調査、賛嘆の念そのものを対象としていない調査とは根本的にちがうのだということを言っておこう。

英雄や偉人たちは作られるもので、その名声はときどき変化するんだって言ったよね？　じゃあ、僕が賛嘆するように言われた人たちの場合はどうだったか、教えてくれる？

教えるとも。彼らの名声の根源と、その名声が状況によってどう変化したかを説明してゆこう。

第Ⅱ部

フランキュス（またはフランシオン）から ウェルキンゲトリクスまで

ウェルキンゲトリクス

フランキュスは伝説上の人物で、古代トロイアの王子とされる。トロイアがギリシアに滅ぼされた後、数人の家臣と共に祖国を離れた。彼の子孫が中世初期にガリア地方に住みつき、フランス王家の始祖になったという。

ウェルキンゲトリクスは古代ガリアの族長。侵攻して来たローマ軍に対抗するため、ガリア諸部族をまとめ上げて、しばしばローマ軍を打ち破った。しかし最後はカエサル率いるローマ軍にアレシアで敗れて捕虜となり、後にローマで死去。

中世とりわけ十四世紀および十五世紀の歴史家、その中でも『フランス大年代記』の著者たちによると、トロイア人がフランス人の祖先であったという。この起源がどこまで信じられていたのかは具体的に計り知れないところもあるが、この由来そのものは、およそ千年もの間伝承されてきた。他方では、国の歴史が当時、王室の家系の歴史と混同されていたため、建国の祖に重きが置かれていた。

この歴史の始まりは神話によるものであるから、フランスにおける歴史上の最初の英雄たちは想像上の人物であるということになる。歴史を旧く遡ると、ヘクトル〔トロイアの武将〕の息子フランシオンがいる。これは、ロンサール〔フランス・ルネサンス期を代表する作家、一五二四―八五。叙事詩『フランシャッド』を著す〕の作品中に登場するフランキュスである。フランシオンから分かることであるが、フランスの王家はプリアモス〔トロイア王で、ヘクトルの父〕の高貴な血を引いている。ウエルギリウス〔古代ローマの詩人、前七〇―前一九〕はローマ建国の祖となったトロイア人アイネイアスの武勲を讃えた。ローマ帝国の後の勢力を考えると、イーリオン出身の英雄であることを引き合いに出すことは偉大さを予感させるものがあった。ウエルギリウスの詩の型はフランシオンの叙事詩を一段と引き立たせていた。

トロイア出身のフランシオンは、言い伝えによると、ダニューブ川のほとりにあるシカンブリア（この町は現在のハンガリーに位置する）に住んでいた。紀元四世紀に、フランシオンの家系はライン川のほとり、後のフランク人が所有する領土に移り住んだとされている。十五世紀の終わりごろ、トロイア人の子孫の一部はガリアに根付き、そして四世紀からルテチアを建設したと何人かの人々は信じていたと言う。そのことにより、ガリア人自身も一部はトロイア出身であるとされている。この神話史の道筋をたどっていくと、初代のフランス王はフランシオンの家系に入り、プリアモスの子孫にあたり、五世紀のファラモン王であったであろうとされる。十八世紀になっても、なおこのフランス王の存在は確かなものと思われた。この存在が、フランク王権とトロイア起源を結び付けたことになろう。

この起源神話が、ロンサールに『フランシヤッド』という作品、フランス語で最も美しい叙事詩の一つを書かせた。そこでは、英雄のフランキュスは海の危険に立ち向かい、巨人と戦い、多くの偉業を成し遂げる。古代叙事詩から着想を得たこの野心的な作品が忘れ去られたことは残念に思われる。

この神話的なトロイア人の祖先への想いと、ある信条とが漠然と結びついた。その信条は十六世紀にはまだ不確かだが、十九世紀になるとたいへん含蓄のあるものとなる。それによれば貴族、フランスのエリートの先祖がフランク人であるのに対し、一般庶民はガリア出身であったというものである。このようにして、社会の階級制はうまく説明されていた。

以上のことから、第三共和政時代の教科書の中で紹介されているように、ウェルキンゲトリクスはフランスにおける歴史上の最初の英雄ではないであろうと思われる。少なくとも、彼は伝説上の人物ではなくて生身の人間であった。象徴的な英雄としての地位を持つウェルキンゲトリクスの昇格の歴史は長くて複雑なものである。この歴史は、歴史家たちがそれまでガリアをどのように捉えてきたかに深く関係している。当然、知識人は何世紀も越えて、カエサルの『ガリアの戦記』を読むことで、ガリア人の族長を知っていた。しかし、ロマン派時代の歴史家たちの筆によって、ウェルキンゲトリクスは脚光を浴びるようになる。一八二〇年に、オーギュスタン・ティエリー（ロマン主義時代を代表する歴史家の一人、一七九五―一八五六）は『フランス史に関する手紙』を刊行する。この著者によれば、歴史はガリア人の時代から始まる。一八二八年に、ティエリーの弟アメデは、ガリアのイメージを組み立て、なおかつ広めるための書物の執筆に取り掛かる。そのイメージは一世紀近く受け継がれることになる。アメデは、この書物の中で、今日「民族起源」（民族の創出）と歴史家たちが呼んでいる手法を用いている。

それ以来、ガリア人とカエサルによるガリアの征服は、特に第二帝政時代、人々を熱狂させる。才能のある歴史家ナポレオン三世★が協力者たちの助けにより、学術的な書物『カエサルの生涯』を書く。考古学に夢中なこの歴史家は、アレシア（ディジョンの北西に位置し、現在ではアリーゼ＝サント＝レーヌという村である。そこで二か月間、ウェルキンゲトリクスが自らの軍隊と引きこもったのち、カエサルに降伏したとされる場所である）の遺跡を探させる。しかし、だからといってナポレオン三世★はウェルキンゲトリクスという人物を特別扱いしない。この人物といえば、今のところ、せいぜいロマン派の英雄に留まっているに過ぎない。皇帝はまずカエサルに興味を持ち、自らの範にしたいと望む。

一八七〇―七一年の戦争と敗北がそのあとに続く。それは、ヨーロッパ全土で国民国家が形成されつつある時期だった。紛争は人々の歴史観を塗り替える。カエサルはタキトゥス以前に、自然国境を成しているライン川のほとりに住みつくもう一つの民族を描いていた。それはゲルマン人である。それ以来、この民族は勝利したドイツ人の先祖とみなされている。ウェルキンゲトリクスに関していえば、フランス領土と同化したガリア領土の擁護者として自ら名乗り出た英雄になる。ガンベッタ★よりもだいぶ以前、彼は抵抗運動を呼びかけた。軍隊を立ち上げ、偉大なる勇気をもって最後まで戦ったのである。ウェルキンゲトリクスが手柄をたてた舞台である旧ゲルゴウィア、のちのクレルモン＝フェランに彼の像が建てられている。フランス史において、はじめて実在する英雄が誕生した。今後、彼は第三共和政の国民的で愛国心に貫かれた物語に登場することになる。その後、ガリアの歴史に対する歴史家たちの関心は弱まることはもはやない。他方で、フランキュス、フランシオン、ファラモンはずっと以前から忘れ去られ、信頼を失っていたことは言うまでもない。

さらに重要なことがある。カエサルがガリア人と、特にウェルキンゲトリクスについておおまかに描いた肖像は、私が先に述べた民族起源に大いに貢献した。カエサルの書物の中で、ガリア人は勇敢で、知的なおかつ愛国心のある、明るい陽気な楽天家ではあるものの、極端に激情的な戦士としての姿で現れる。いわばフランス人である。そして若くて美男で、輝かしく気丈で、仲間のためなら自らを犠牲にし、一人の殉教者として終わるウェルキンゲトリクスは、フランスの初代の英雄になれるすべてを兼ね備えている。このフランスといえば、軍隊は偉業を成し遂げることができるものの少々まとまりがないのである。ウィルヘルム二世の感嘆を呼び覚ましたライヒスホッフェンでのフランス軍騎兵隊による攻撃〔一八七〇年の普仏戦争の挿話〕は言外に、ガリア人騎兵の勢いに喩えられている。この攻撃がガリア人騎兵の長所と短所を浮き彫りにしている。

まだ、いろいろなことにふれる必要がある。ウェルキンゲトリクスは、二十六歳で死去するが、およそ、紀元前七二年から四六年の間に生きた人物である。このアルウェルニ族の貴族出身者は、早くから戦士として秀でた気質を発揮していた。五二年に、ウェルキンゲトリクスはローマ軍に対する反乱軍のリーダーとして認められていた。しかしながら、ガリアの統一を実現せずに、多くのガリア人を戦場へ駆り立てた。カエサルの軍隊の食糧を断つため、焦土作戦を推奨したウェルキンゲトリクスは、最初は秀でた戦略方法を採った。しかしながら、ガリア人にとって不幸なことに、アヴァリクム（ブールジュ）は破壊を免れる。このことによって、カエサルの軍隊は再度持ち直すことができた。ゲルゴウィアが見事に守られた後、ビブラクトで行なわれた集会で、アルウェルニ族の長に軍隊の指揮権を任せることになる。ディジョン付近でガリア騎兵隊が大敗北を喫したため、ウェルキンゲトリクスはアレシアに閉じこもった。援助隊によって試みられた脱出作戦は失敗に終わり、降伏を余儀なくされた。彼はローマに連行され、カエサルの凱旋式に姿を現す。マメルティヌスの牢獄〔ローマのフォルム・ロマヌムの付近にあった牢獄〕に拘留され、しばらく経ってからそこで絞殺される。

　このように、ウェルキンゲトリクスをガリアに同化したフランスの最古の英雄と見なすことは、何らかの気まずさを生じさせずにはいない。なぜなら同時に、少なくとも五百年も続いたガロ＝ロマン文明の拡大と偉大さを生徒たちに説明しなくてはいけなかったからである。クローヴィス★自身は後で述べるが、ある意味でこの文明とつながりをもった人である。「われわれの先祖であるガリア人」というのは、おそらく正しいが、さらに言えば「われわれの先祖であるガロ＝ロマン人」である。

クローヴィス（四六六頃—五一一）

フランク人の王にして、メロヴィング朝の創始者。父から領土を継承した後、蛮族を次々に撃破してみずからの王国を広げた。後にキリスト教に改宗。

君にクローヴィスはフランス史で欠くことのできない英雄として紹介されたと思うが、それは当然のことである。しかし、クローヴィスの生い立ち、信条、国王在位期間があまりよく知られていないことを知っておかなくてはならない。ところで、私たちがある英雄について、しっかりとした知識を持っていることもあれば、わずかな事柄だけしか分からないこともあり、それを区別することが望ましい。クローヴィスは後者である。フランク人を統一した人物であることは確かなことである。しかしガリアをガロ＝ロマン人から奪還した、つまり、いわばカエサルによってなされた征服に対して報復したとするのは、一つの誤った解釈である。妻クロティルドの勧めで大司教レミから洗礼を受けたというのが、統治期間中に起きた決定的な出来事であることは、部分的に正しい。この出来事は、ほとんどトゥール司教グレゴリウス〔フランク族の歴史家、五三八頃―五九四。『フランク人史』は六世紀のガリアに関する貴重な著作〕の書き物からしか伝えられていない。彼は五七七年に一冊の書物を書き、そして高位聖職者として、クローヴィスに関してある種の解釈をするほうが得策だった。

この英雄について何が語られうるのであろうか。まず、父から受け継いだ北の領土の支配から始まった。その領土はトゥルネー〔ベルギー西部の都市〕を中心とし、ライン川の河口からカンブレー〔フランス北部の都市〕とトリーア〔フランス国境に近い、ドイツの西部の都市〕にまで及んでいる。クローヴィスはローマ軍司令官シャグリウス〔四八六年頃死去〕を打ち破り、蛮族の公国の領土とほとんど同じ大きさのローマ領土の跡地を支配下に治めた。その際、中心都市を自らが勝利を収めたソワソン〔フランス北部の都市〕に移した。彼がトルビヤックで、アラマン族を負かしたことは誰でも知っている。教科書が示すように、この出来事は後に、フランスの歴史家たちの目には象徴的な強い影響力のあるものとして映った。そして、ポワティエ付近のヴイエで西ゴート王アラリック二世から勝利を収めた。このことによって、クローヴィスは領土をピレネー山脈まで広げることに成功した。

それゆえ五一一年に彼が死去した時、ブルグント王国を除いて王国の領土はその後のフランスの国土とほぼ同じである。このことは、後にパリを首都として選んだクローヴィスだけに、フランス史における英雄のように思われることをある程度正当化してくれる。

はじめクローヴィスは父と同様ローマ人に仕え、彼の所属するフランク貴族は、ローマ貴族と良い関係を保っていた。クローヴィスは、「改宗」する以前に司教団と接触していた。つまりフランク人であった彼は、ガロ＝ロマンの文化にも浴していたことになる。

この文化への関心は、「改宗」することによってさらに強まった。この点に関しては、トゥール司教グレゴリウスの物語をまともに信じてはいけない。クローヴィスは、四九六年から四九八年頃、三千ほどの兵士たちと洗礼を受けた。彼の信仰はいったい何であったのか、心底からの改宗であったのか。われわれにはこの点について何も知る手掛かりがない。トルビヤックで戦勝した後であろうか。勝利した際に、クロティルドが信じている神に改宗することを約束したのであろう。このことに関しては、トゥール司教グレゴリウスがミルウィウス橋の戦（三一二年）〔ローマ近郊で、コンスタンティヌスが強敵マクセンティウスを破った戦〕の挿話を再現していることは明白である。その戦の間に、ローマ皇帝コンスタンティヌスは、もし勝利を収めた場合、キリスト教に改宗することを誓っていた。物語を通して、トゥール司教グレゴリウスはクローヴィスを新しいコンスタンティヌスと見なそうとする。このことは重要である。ローマ帝国がキリスト教へと転換する発端となったのはこの皇帝なのだから。

蛮族の王国のすべての指導者たちが、アリウス派〔アリウス（二五〇年頃―三三六年頃）の教説を基にする古代キリスト教の一派〕に改宗したキリスト教徒であった。つまり、彼らはキリストの神性を信じていなかった。そのことにより、ガロ＝ロマンの教会でもある東方正教会は彼らを異端者であると考えていた。洗礼によって、クローヴィスは蛮族とは区別されていた。この洗礼は、教会とガロ＝ロマン文化の領域の中にきちんと彼を位置づけていた。王国の未来にとっては重要な出来事である。さらに付け加えるならば、彼の威信に満ちた人格のおかげで、彼が帰属していた最初の王朝の名が人々の記憶の中に留まることになった。すなわちメロヴィング王朝である。

フランス史の英雄シャルルマーニュ（七四二頃―八一四）

フランク族の王で、ドイツ名はカール大帝。異民族を打ち破って王国を拡大し、キリスト教の普及に寄与した。西暦八〇〇年、教皇より西ローマ帝国皇帝に叙せられる。農業、商業、芸術を推進して王国に繁栄をもたらした。

十九、二十世紀の歴史教科書を読み、世論調査が明かしているような集団的記憶を参照すると、彼は確かにフランス史に登場する。

ところがいくつかの資料によって、このフランス史への登場に疑問が持たれるようになる。この疑問を呈すること自体、じつは時代錯誤的なことである。というのも、この問いかけはその後のフランスに関連しているからである。現在のフランス、イタリアの大部分、さらにわれわれが北ヨーロッパおよび中央ヨーロッパと見なしている地域の一部を認識するには、シャルルマーニュが権力を行使したフランク王国の領土の地図にざっと目を通すだけで十分である。シャルルマーニュは後のバイエルン州となる領土を勝ち取り（七八七―七八八年）、三十年近くザクセン人とアヴァール人と戦った。彼はランゴバルド人と戦い（八〇〇―八一四年）、彼らの冠を身につけた。七七八年に、ロンスヴォーの戦い（シャルルマーニュの軍隊がバスコン人（現在のバスク人）によって皆殺しにされ、前者の甥にあたるローランが死去する）は失敗で終わるが、スペイン遠征はイベリア半島のイスラム教徒からフランク領土を守るために行なわれた。八〇〇年に、教皇レオ三世によってシャルルマーニュが西ローマ皇帝として載冠した時、彼はキリスト教領土を率いる地位に上り詰めることとなる。このキリスト教領土はまとまりのない感じを与えるものの、領土が広範囲にわたっていたため、八〇二年には東ローマ皇帝「バシリウス」との紛争を引き起こすことになる。シャルルマーニュはアーヘンの宮殿から自らの帝国を統治する。ところが今日では、この町はフランスの国境のはるか外に位置している。

したがって、われわれがたとえシャルルマーニュの帝国史の概略を示すことにすぎなくとも、それが問題ではなく、この皇帝をフランス史の英雄として見なすことができるのかどうかが問題なのである。この皇帝をフランス史の英雄とする論拠がある。皇帝は、七五一年に王位についたピピン三世〔七一四―七六八〕の長男であり、カール・マルテル〔フランク王国の宮宰、六八八―七四一〕の孫にあたる。彼はメロヴィング王朝のフランク王国の家政長官の子孫にあたる。シャルルマーニュは、七六八年――あるいは、ピピン三世のすべての遺産を相続したことを考えあわせると、七七一年――から八一四年までの四十六年間、フランク王であった。アーヘンに定住する以前に、彼は軍事遠征がなければセーヌ川のほとりに居住していた。

おそらくさらに重要なのは、シャルルマーニュの伝説が――というのも長い間、特に中世を通してずっと伝説の英雄であったからだ――、ロマンス語で書かれた武勲詩によって織り成されたことだ。この伝説的人物は『ローランの歌』によって生徒たちの脳裏に強く刻まれ、一八七〇年代までフランス語で書かれた行商文学作品により流布した。カロリング王朝は、この行商文学作品の中で重要な位置を占めていた。そのことを示している例として、大成功を収めた『エーモンの四人の倅』という作品がある。今日でも相変わらず、パリのノートル＝ダム広場に建っている「白髭を湛えし皇帝」の像を君は見ましたね。そして、パリ国立古文書館は、「四人の倅」という通りにある。

「カロリング・ルネサンス」と名付けられたものは、フランスにも関係があった。フランスの歴史教科書はシャルルマーニュの挿画を流布させた。そこではシャルルマーニュが――彼自身はおそらく、ほんのわずかな教養しかなかった人であるが――学校の設立者として描かれている。こうしたイメージは明白に、十九世紀と二十世紀の生徒たちの間で大きな反響を呼んだ。このルネサンスは、保存され、絶えず筆写されてきた異教、キリスト教を問わずラテン語のテキストの校訂作業を通して表れた。帝国の官吏を養成することを目的とする宮廷に付属する、つまり「宮廷の」学校の設立は、このルネサンスの一部である。

いずれにしても、シャルルマーニュのフランス史への組み入れが実際に正当化されたのは、あるいは少なくともその組み入れが意味をもったのは、シャルルマーニュの孫にあたる禿頭王シャルル二世が、ロマンス語で言明された有名なストラスブールの宣誓（八四二年）とヴェルダン条約（八四三年）のすぐ後、王位を継承し、その後西フランク王国の支配者として認められるようになったからである。彼がこの西フランク王国に君臨したのは八四三年から八七七年である。そして、この領土をフランスの新しい原型と見なすことができる。確かにこの西フランク王国の領土は、フランドル地方からピレネー山脈まで、ブルターニュ地方からムーズ川まで、すなわち現代のフランス領土を予示しているのだ。第三共和政の生徒たちは、このフランス領土の輪郭を丁寧に描こうと努力した。

したがって他にもさまざま呼称があるとはいえ、要するにシャルルマーニュをフランス史の英雄と考えることができる。だからと言って、他の国も自国の英雄として見なす可能性があることを忘れてはいけない。

聖王ルイ（一二一四―七〇）

中世を代表するフランス国王。キリスト教の信仰篤く、第七回十字軍において指導的な役割を果たす。賢王と評価されて在位期間はヨーロッパ中から尊敬され、他方で学問、芸術を庇護し、中世文化の頂点を築いた。一二九七年に列聖された。

ルイ九世、つまり聖王ルイは、この国の歴史上の英雄たちの中で傑出した地位を占めている。確かに、彼は秀でた才能があることを示した。しかし長く続くことになる彼の顕揚は言うまでもなく、彼の名声を賛美し、栄光を作り上げた手順にもよるのである。

まずフランスの君主を含んだ中世の人々の間で、聖王ルイは最も知られている人物の一人であることを指摘しておこう。とはいえ、われわれが聖王ルイに関して持っている主な典拠は、しばしば遅い時期のものであり、教化の目的を根底に含んでいる。それはたとえば、第七回十字軍遠征〔一二四八—五四〕の際に聖王ルイに同行したジョワンヴィル〔年代記作者、一二二四頃—一三一七〕が、後に喧嘩王ルイ十世となる曾孫に手渡した書物について言えることである。さらに、列聖手続きは聖王ルイに関しては早く〔一二九七年〕、当時の宗教的信仰の慣行に対応するものである。この信仰の慣行は、聖化された君主の功名に基づいて王朝の偉大さを作り出すことにあったことに注意しよう。このようにしてハンガリーの君主については、聖エティエンヌ〔一〇八一年に列聖された〕の王国と呼べるし、ボヘミア王の家系を指して、聖ウェンセスラス〔十世紀〕の王国と呼ぶことができる。聖王ルイの功名は、フランス王政に何世紀にもわたり威光をもたらした。王政復古時代に、またもや「聖王ルイ」の列聖日は国民の祝日となり、ルイ十八世と威信のある祖先を同時に祝う日になった。

聖王ルイは長い間、つまり四十四年間、そのなかでも成人〔二十一歳〕になってからは〔一二三五年〕三十五年間王座に君臨した。並外れた功績は、この本の最初のところで私が述べた英雄の三つの型

民衆に施しをする聖王ルイ

を兼ね備えていることによるものである。つまり聖王ルイは英雄、賢者そして聖人として見なされてきた。列聖されなかったとしても、彼は勇敢な騎士王として姿を現したであろう。例として、一二四二年にトゥールーズ伯とイギリス人を討伐するために行なわれた遠征の際に、サントとターユブールの戦いに勝利した時、この勇敢さを示したのである。逆境にあろうとも、この勇敢さ、この意志の固さは、第七回十字軍遠征の際に、まったくかすむことなく輝かしさを発揮した。

聖王ルイは、正義と秩序を誇りにしていた賢明な君主として描かれている。すべての学校の教科書は、ヴァンセンヌの森の樫の木の下で争い事を解決する彼の姿を表現している。統治期間中、後の十九世紀に「道徳秩序」と呼ばれるようになることを自らの王国で広めようと試み、それで賭け事と売買春に対する取り締まりを強化した。他の権力者たちから、彼はまもなく賢者のように見られるが、断固たる調停者でもあった。それはたとえば、イギリスの君主ヘンリー三世（一二〇七―七二）と、彼の以前の敵との和解を試みた際に果たした役割に示されている。聖王ルイは、公明正大に平和を維持しなければならない時、譲歩したり、妥協することをためらわない賢明な君主でもあった。言い伝えによると、彼は争い事を収めることが好きであった。だからといって、彼は必要に応じて、王室の特権を遵守させることも知らないわけでもなかった。一二五九年に、彼はヘンリー三世に再びフランス王の家臣になる約束をさせた。

しかし記憶に残るルイ九世★のイメージは、まず聖人のイメージである。彼の信仰表明はあからさまで、敬虔さは疑いの余地がなかった。王は祈りと瞑想に時間を割き、禁欲と苦行を実践し、断食を遵守する。彼の信仰心は個人的な徳を伴う。まず子として母親のブランシュ・ド・カスティーユ〔一一八八―一二五二〕に対し、成人しても偉大なる敬意を表していた。その後の他のフランス国王はまったく異なる。彼は妻マルグリットに献身的に接し、尊敬の念を抱く。彼は施しを与える。聖王ルイは乞食を招き、彼らの足に接吻する。彼は慈善団体、とりわけ病院を増やし、たとえば盲人専用のキャーンズ＝ヴァン病院などを創設した。

聖王ルイは十字軍に対する想いに取りつかれていた。彼は一二四四年に病気になった際に十字架を身につけ、それ以来手放さなくなった。彼は一二四八年に、キリスト教徒にエルサレムを返還してあげようと考えて遠征に出立した。一二四九年にエジプトでダミエットを奪取した後、敗北を喫し、捕虜になる。占領した町を返還することで自由の身となる。次に、一二五〇年から一二五四年までの四年間をシリアで過ごす。彼はそこで城塞を建造させる。この長い六年間にわたる旅は、ブランシュの死去の知らせによって終わる。

そのはるか後の一二六七年、聖王ルイは第八回の十字軍遠征の準備に取り掛かる。一二七〇年に彼はチュニスに行く。そこで下船直後、彼は当時ペストと言われていたチフスにかかって死去する。征服できなかった町の麓、しかもイスラム教徒の町、異国の地でこのような死を遂げるということは最大の不幸であった。二回の十字軍遠征の予期せぬ出来事は、苦悩している王、苦しみの王、一言でいえばキリストのイメージを呼び起こす。聖王ルイは、教皇そして教皇の権力に対し敬意を示す君主としての功名も残していることを付け加えておこう。

聖王ルイの名声はこのように英雄、賢者、聖人の三つの型を成しているが、さらに彼に関する記憶は、彼の治世を特徴づける芸術の威光によっても美化されている。他の多くの傑作の中でも、パリのノートル＝ダム大聖堂とサント＝シャペルのゴシック様式は美しい十三世紀の栄光を示している。

彼の後継者は、このような功名を記憶に残すことはできなかった。何人かはその次の世紀では、聖王ルイの型に反するようにも見えてくるであろう。端麗王フィリップ四世〔在位一二八五―一三一四。ローマ教皇と争い、テンプル騎士団を解散した〕は教皇とテンプル騎士団〔十二世紀、エルサレムの神殿守護のために設立された修道会〕に対する態度ゆえに、シャルル七世〔在位一四二二―六一。百年戦争期、ジャンヌ・ダルク★の助けでイギリス軍を打ち破る〕はジャンヌ・ダルク★への忘恩ゆえに、そしてルイ十一世〔在位一四六一―八三。フランス絶対王権の基礎を築く〕は孝心の欠落、悪賢い性格、残酷さゆえに。はるか後の時代になってからも、近代で最も崇められる君主たち、たとえばアンリ四世★とルイ十四世★には、知性はあっても神聖さが欠如していた。

聖王ルイの偉大な歴史家ジャック・ル・ゴフ〔現代フランスの歴史家〕は、一二七〇年、チュニスで国王が亡くなったことは、ある時代の終わりを告げる多くの徴候の一つと見ている。徴候の一つというのは、聖王ルイの死を中世西洋という枠組みの中で本質的な出来事と見なすことはできないからである。十世紀から十三世紀末まで続いた中世の絶頂期が、こうして消え去っていく。

67　聖王ルイ（1214—70）

デュ・ゲクラン（一三二〇―八〇）

ブルターニュ出身の武人。フランス王に従って、イギリス人との戦いにおいて目覚ましい軍功を立て、フランス西部を解放することに貢献した。イギリスに対してフランス人の愛国心を象徴した人物である。

デュ・ゲクランは今や忘れ去られた人物である。ところで、一九四九年に行なわれた調査が証明しているように、半世紀前はそうではなかった。しかし、歴史教科書で称えられている何人かの英雄と同様、その後あっという間に彼の栄光は消え去った。この人気の衰退は考慮に値する。デュ・ゲクランは長い間、百年戦争〔フランスとイギリスの戦争、一三三九—一四五三〕の序幕を終わらせた勇敢な戦士として示された。彼は賢明王シャルル五世〔在位一三六四—八〇。百年戦争で活躍〕といわば対をなし、王はサン＝ドニで自らの墓場の近くにこの英雄を埋葬するよう頼んだ。戦争の初期の惨禍、つまりクレシーとポワティエの敗北の後、デュ・ゲクランはイギリス軍を退却させ始めた人である。シャルル七世と組んだジャンヌ・ダルク★は、人々の記憶の中で、アザンクールの敗北を初めとするこの長い戦争の第二幕を象徴する。今度は彼女が、フランス国内からイギリス人を追い払おうと試みる。そして彼女の死後、王がそれに成功した。何故ジャンヌではなく、デュ・ゲクランの思い出が消え去ったのかを理解しようと試みる必要がある。

　デュ・ゲクランは比類もない様々な歴史的事件に見舞われたが、彼の独特の雰囲気——伝説とでも言うべきか——が形成された際のわざとらしい性格も確かなものである。彼はブルターニュ地方の末流貴族の出であった。言い伝えによると、彼は小柄で、醜く、同時に乱暴、ほら吹きで貪欲であった。しかし戦闘では彼の武勇、勇敢さ、そして仕えた人、特にシャルル五世に示した忠実さが称えられていた。これらの長所に悪知恵が加わっていた。

重要なことだが、シャルル・ド・ブロワ〔一三一九―六四、ブルターニュ公の継承権争いでジャン・ド・モンフォールと戦った後、一三六四年に戦死する〕のレンヌ帰還に貢献した後、一三五六年にデュ・ゲクランはこの人物によって騎士に任命された。実を言えば、彼の壮大な人生は勝利と敗北で織り成されている。カレー平和条約〔一三六〇〕によってイギリス人が有利な立場になり、フランス領土の三分の一が切り離されていたが、一三六九年にシャルル五世がこの平和条約を破棄しようと決断する前に、何よりも先ずブルターニュ地方で、デュ・ゲクランは自分が支持していたシャルル・ド・ブロワと、ジャン・ド・モンフォールの対立の巻き添えになった。一三六四年にオレー付近で敗北を喫した後に、デュ・ゲクランは二回目の捕虜となり、ロンドンまで人質としてイギリス軍に連れて行かれる。身代金が払われた後、彼はやっと自由の身となった。その後、継承戦争が勃発するとイベリア半島で雇われ、王国を荒らしていたグランド・カンパニー〔傭兵崩れの盗賊団〕の一部をそこへ連れて行った。その土地で彼は再び敗北を喫し、一三六七年にナヴァレットにおける戦闘の際、負けて傷を負った。彼はイギリス王位の後継者、黒い王子〔エドワード黒太子(一三三〇―七六)〕に捕らわれ、自由の身となるため再び身代金を支払わねばならなかった。

これらの軍功だけでは、教科書の中で賛美される英雄としてデュ・ゲクランを見なすには十分でなかったであろう。しかし一三七〇年から一三八〇年の間、フランスの高官になった彼はシャルル五世と共に、イギリス人を打破するための新たな戦略を編み出すことを決意する。会戦を避け、遊撃戦法をとり、平地戦での対決よりも攻囲戦を好み、策略と交渉を用いるという戦略である。今度はデュ・ゲクランが多くの舞台、ノルマンディー地方、ブルターニュ地方、ポワトゥー地方、サントンジュ地方で勝利を収める。一三八〇年に、彼は病気でシャトーヌフ＝ド＝ランドンで病没する。彼はあまり王の寵愛を受けなくなり、ブルターニュ地方が没収されたことを悲しんでいた。

目覚しい人気と結びつく彼の伝説は、その存命中から文学と細密画によって創造された。長い武勲詩は、民衆のためにすぐさま要約され、彼の偉業を褒めそやすためにつくられた。彼が死去してから九年後、一三八九年に彼の名声を称える「騎士の葬儀」が行なわれた。これを機に、彼の偉業がおおげさに語られるようになった。その偉業は地球の端まですでに知れ渡っている、と言われた。

すぐさま国民的性格を帯びたため、この伝説はその後もしっかり語られた。ロマン派の歴史叙述と第三共和政の教育は、デュ・ゲクランに対しフランス領土の解放者として敬意を示し、末流貴族であったにもかかわらず民衆への愛があったことを強調し、質素な家系の若者たちと過ごしたブルターニュ地方での幼少期を喚起した。

二十世紀後半を通じてデュ・ゲクランの栄光が薄れていくことは、説明がつく。それは騎士道モデルが古めかしくなった結果として起こる。このことはバヤール★〔武人、一四七六―一五二五〕を通して再び見出せるだろう。戦士の壮挙に対する情熱が少しずつ冷めてきた。しかし、プルタルコス風の型にも属していると見なすことができるこの英雄には、何か頑迷固陋なところがあった。彼自身は何よりもまず戦士だったし、見方によっては単なる戦士にすぎなかった。付言するならば、中世史の専門家たちは近年、彼の伝説の極端さを明らかにし、国家防衛という観点からこの人物を利用するのは時代錯誤的であると強調した。

ジャンヌ・ダルク（一四一二―三一）

百年戦争時代に出現した英雄。神のお告げを聴き、劣勢だったフランス軍の指揮を執ると、次々とイギリス軍を打ち破り、王太子をシャルル七世として即位させた。しかし最後はイギリス軍に捕えられ、異端裁判にかけられた末に火刑に処せられた。

世論調査によると、ジャンヌ・ダルクの存在が人々の記憶の中に留まっていて、しかも他に女性の英雄がまったくいないことがよく分かる。この特別な扱いはどのような理由にもとづくのであろうか。おそらく、まず彼女の英雄伝はまばゆいもので、十九歳の時のたった一年に収まるからである。「オルレアンの乙女」の少女期は人々の関心を絶えず惹き付け、敵が彼女を味方につけようとしたりして、現在でも常にジャンヌは議論の対象となっている。

彼女の伝記的事実はよく知られていて、君も小学校で学んだよね。ジャンヌはドンレミ村〔現在は、フランスの北東部に位置する小さな町、ドンレミ=ラ=ピュセル〕の農家の子として生まれる。彼女は大天使聖ミカエル、聖女カトリーヌ、そして聖女マルグリットの声が聞こえ、自らに使命を告げたと言う。このような理由で彼女は「ブールジュの王太子」〔後のシャルル七世〕に会いにシノンに行く。軍隊を与えられた彼女は、イングランド軍に包囲されていたオルレアンの町を解放し（一四二九年）、次々と成功を収めたおかげで、ランスにてシャルル七世の戴冠式を執り行なうことができた。その後パリの町を奪還することに失敗し、コンピエーニュ〔フランスの北部に位置する町〕で、包囲軍の突破攻撃を図ったが捕虜となる。彼女の裁判はルーアンで行なわれ、ヴィユ=マルシェ広場で火刑に処されて終わる。

ところがそれ以後、とりわけ十九世紀、二十世紀になると、彼女の功名は絶えず議論し続けられるが、英雄としての立場はそれと逆にまったく問題視されたことがない。

COURS GAUTHIER ET DESCHAMPS

HISTOIRE
DE FRANCE

COURS ÉLÉMENTAIRE

PAR
A. AYMARD
INSPECTEUR DE L'ENSEIGNT PRIMAIRE
DE LA SEINE

LIBRAIRIE HACHETTE

Copyright by Librairie Hachette 1928

フランス軍を率いてオルレアンに入るジャンヌ・ダルク

75　ジャンヌ・ダルク（1412—31）

『フランス史』の中で彼女を重視しているジュール・ミシュレの見解では、ジャンヌは民衆を体現している。彼女は天使のようであると書かれているし、そしてこの天使は「民衆で、弱者で、われわれであり、すべての人たちである」と定義されている。このロマン派の歴史家は、中世といういわゆる闇の時代に、すでにフランス国家というものができていると主張している。ジャンヌが赫々たる武勲を立てたことは、フランス革命時における民衆の役割を示し、バスティーユの奪取を予告しているとミシュレは述べている。他方で、ジャンヌは教会の犠牲者であった。彼女を有罪としたボーヴェ司教ピエール・コション〔一三七一―一四四二〕――有罪を宣告したのは彼一人ではなかったが――を教科書の中で強調することは、この場合、教会が悪者的な立場にあることを示している。同じような観点で、ジャンヌは領土を解放する際、戦場での勇猛果敢な姿を象徴する。共和主義者たちによれば、当時の裁判記録が明らかにしているように、ジャンヌの本当の任務はフランス国外に「イングランド軍を追い出す」ことであった。このようなイメージはその後、二度あらためて活性化した。最初は一八七〇年から一八七一年までの戦で敗北した直後、フランス国民が重い心理的外傷《トラウマ》を受けた時で、二度目は第一次世界大戦後である。一九二〇年五月九日に国会は、ジャンヌの栄誉を讃え、五月の第二日曜日を祝日として定める。このような記念日は十九世紀末に上院で可決されたが、下院では否決された。

ところで、共和主義者にされたこのジャンヌは、民衆と、英雄的な領土防衛の象徴であったが、その時人々の記憶の中に刻み込まれたのは彼女だけではなかった。フランスのカトリック教徒たちは彼女を聖人と見なし、一八六九年から彼女を列聖に加えようとした。何よりもまず、彼女は神の申し子であるように思われ、彼女の使命は正統な王となる者、つまり王太子、後のシャルル七世を聖別させる、つまり復権させることであった。彼らの意見では、一四五五年に行なわれたジャンヌの復権裁判の証拠文書がそのようなことを示していた。カトリック教徒たちの目には、ジャンヌが貞節と敬虔の徳を体現していたように映った。断食の実践、祈りに費やしていた時間、戦友に対する態度が、それらの徳を表していた。それ以来、彼女の死は殉教者の死として、そして英雄的行為は奇蹟として捉えられていた。

「彼女はわれわれのものである」と教皇レオ十三世〔一八一〇―一九〇三〕は宣言する。一九〇九年、ジャンヌを列聖するまでの長い道程が終わりを迎える。それ以降ジャンヌはドンレミ村で、たんに巡礼の対象となるだけではなく、祭壇の上に祀られ、彼女の像はどんな質素な教会にも飾られることになる。

人々の記憶の中に、このような二つのジャンヌのイメージが対立する中、さらに三つ目のイメージも浮上してくる。十九世紀の終わり頃、とりわけ彼女は民族主義者の英雄となる。それからおよそ百年後の現代では、フランスの政党である国民戦線がジャンヌを自らの党の象徴として祀りあげている。だが以上のような議論や、人々の関心を引き付けるさまざまな試みを超えて、ジャンヌはフランス人の国民感情に深く訴え続けてきた。一九四九年のフランス世論研究所の調査によると、彼女の影響力は特に農民の間では大きかった。その五年後、バス＝ノルマンディー地方〔フランス北西部〕のたいへん深い森の中で、そこの農民や村民が俳優として登場する。ジャンヌ・ダルクの英雄伝の芝居は、ロンレー＝ラベイという小さな村にある小教区教会の敷地内で上演され、あまりにも人気があったため、大勢の人たちがその舞台を一目見ようと遠くから駆けつけ、この戯曲はその地方全土で上演される。最近、男女を問わず有能な歴史家たちはジャンヌを理解し、十五世紀の女予言者たちのうちの一人として、そして時代と環境の中にジャンヌを位置づけ、彼女が惹き起こした心象と記憶の葛藤を明確に分析しようと努めた。

フランソワ一世（一四九四―一五四七）

フランス・ルネサンス期を代表する国王。神聖ローマ皇帝カール五世（在位一五一九―五六）と対立し、しばしば戦いを交えた。イタリアに遠征して軍功を挙げ、イタリア芸術をフランスに導入し、ダ・ヴィンチを庇護した。

フランソワ一世は、息子のアンリ二世やヴァロワ朝最後の三人の王〔フランソワ二世、シャルル九世、アンリ三世〕とも異なり、フランス史における歴代の偉大な君主の中になぜ登場するのであろうか。そのことを明らかにするには、いくつかの説明が可能である。フランソワ一世は、この王朝の君主たちの中で最も輝かしく映り、また王としての在位期間中はヨーロッパ全土を血に染めた宗教戦争前でもあった。教科書の中で、彼の威風堂々たる振る舞いはルイ十一世の卑小さとは対照的である。教科書の著者たちはルイ十一世のことを、まるでヴィクトル・ユゴー★の『ノートル＝ダム・ド・パリ』〔一八三一〕やウォルター・スコットの『クエンティン・ダーワード』〔一八二三〕の作品に登場する陰気で、ずる賢く、残忍な人物として描いている。フランソワ一世は、先王シャルル八世やルイ十二世よりもよくイタリア人の夢を体現している。そういうわけで、一五一五年〔マリニャーノの戦いでフランソワ一世がスイス軍に大勝した〕という年は、十九世紀、二十世紀になってもフランス史の中で最もよく知られた年であった。

フランソワ一世は、イベリア半島の芸術をフランスに移入し、また在位期間が非常に短かった先王たちよりも、イタリア・ルネサンスの壮麗さに驚嘆させられた王として紹介されている。クロ＝リュッセ城で王に抱かれて最期を遂げたレオナルド・ダ・ヴィンチの画は、数えきれないほど描かれた。フランソワ一世がイタリアの彫刻家ベンヴェヌート・チェリーニ〔一五〇〇—七一〕を、自らの王国に招き入れた。ロワール川のほとりにある王の紋章サンショウウオで装飾されている数多く

パヴィアの戦場におけるフランソワ一世

の城と、フォンテーヌブロー城の贅を尽くした飾り付けが王の偉大さを蘇らせる。これらの理由で、彼は十八世紀の哲学者から気に入られた。

彼は、古き良き時代の人物の風格を具現している。つまりそれは、マリニャーノの戦場でバヤール★が揃えた武具をまとった騎士の姿である。パヴィアの大敗の後〔一五二九年〕、捕虜となっていた彼は、母親に宛てた有名な一句「すべては失せた、名誉を除いては」をもって人々の心にこの騎士道精神を植え付ける。しかしこのような態度や振る舞いは、当時の文学や規範と関連づけなければならない。それは、われわれには理解できない規範であり、特に賭け事や騎馬槍試合のルールをこと細かに規定している規範である。そのことは、この王の政策が時々分かりづらいことを部分的に説明している。

フランソワ一世の偉大さは、カール五世や、次にヘンリー八世〔イギリス国王、在位一五〇九—四七〕のような高名な人物と戦を交えたことによって、いっそう高められた。彼の伝記は、数えきれないほどたくさんの肯定的な図像や逸話の挿画によって人々の記憶の中に留まった。そして教科書の著者たちがそれらを大いに喜んで用いた。たとえばマリニャーノの戦場〔一五一五年〕、王がイングランドの君主〔ヘンリー八世〕と会ったカレー付近の豪華な野営地ドラ・ドール〔一五二〇年〕、カール五世との長期間にわたる戦を彩る多くの逸話、オスマン・トルコ帝国の皇帝スレイマン一世〔オスマン・トルコの最盛期を築いた。在位一五二〇—六六〕との同盟、クロ＝リュッセ城の場面など、である。

この桁外れな彼の偉大さは、どの程度、現実を反映しているのであろうか。この点について、おそらくより本質的で、あるいは確かに今までほとんど強調されてこなかった事実を無視してはならない。つまり、フランソワ一世在位期間中の王権と行政権力の確立、国王が司教を任命することができるようにしたボローニャの政教協約の締結、コレージュ・ド・フランスの設立、重要なヴィレール＝コトレの勅令（一五三九年）などである。この勅令は司法上の公式文書や公正証書を作成する際、ラテン語ではなくてフランス語で書くことを義務付けた。

フランソワ一世は失意の底に沈むこともあった。一五一九年、神聖ローマ帝国の皇帝に選出してもらおうと試みるが、それは失敗に終わる。一五二五年に彼はパヴィアで敗北し、マドリードに捕虜として連行される。彼は自らの発言を取り下げることで、この最悪の状況から脱出することになる。ドイツのプロテスタント諸侯、スウェーデン人、オスマン・トルコ人と同盟を結ぶことによって有利に展開しようとする彼の現実的感覚は、一世紀後に非難されるリシュリュー★の政治をあたかも予告しているかのようである。

要するに、フランソワ一世の人物像はクァットロチェント、つまり前世紀のイタリア・ルネサンスの出現を高く評価する過去の想像力を基準にすることでしか、うまく理解できない。他方で、宮廷の華やかさや王の女好きのような事柄が、フランソワ一世を異なる種類の歴史、国王たちの過ちをこれ見よがしにさらけ出す歴史の中に登場させることになる。このテーマはその後も長きにわたって語られるだろう。

バヤール（一四七六―一五二四）

国王に仕えた武人で、その勇猛さと高潔さで有名。一連の戦いでスペインやヴェネツィアを破り、勇敢な騎士としての名声を得た。フランソワ一世がマリニャーノで勝利した際には、決定的な役割を果たした。

騎士バヤールは「怖れを知らぬ、非の打ちどころのない騎士」という異名を持つが、彼にあてはめられたこの形容はかつて人々の脳裏に焼き付いていた。このバヤールは、近年になって英雄の地位が低下したきわめて明瞭な一例である。というのも彼の名前は、第二次世界大戦前のあらゆる調査や教科書の中に必ず載っていたのだから。

それでは、彼の過去の偉大さの根拠はどのようなものであったのか。十六世紀の言い伝えによると、彼は世界的な脚光を浴びていたことをまず知っておく必要がある。勇気と正義の双方を象徴していた。時代的には遅れているが、騎士の典型そのものであった。彼の威光は伝説的なものになっていた。君主の依頼により、彼がマリニャーノの戦場でフランソワ一世★を騎士として仕立て上げたのである。教科書の中で、長い間この場面が描かれていた。

彼は怖れを知らなかった。この信念は途方もない勇敢さから生まれていて、実際その勇敢さを示したのは、二百人のスペイン兵の攻撃に対し、ガリリアーノ橋を一人で守り、その間フランス兵の退去を可能にした時である。この戦闘行為は、シュブリキウス橋の上で敵軍を阻止したローマ人ホラティウス・コクレスの偉業をまさに再現していた。橋を守る場面を誰でも容易に想像できるということが、この武勲が人々の記憶に長く残ったことと大いに関係している。この偉業は幾度も繰り返される。たとえば、アルコラ橋でのボナパルトの描写を思い浮かべればよい。ただしこの描写は、防衛の勇ましさではなく、攻撃の勇ましさを描いているのだが。橋の上での雄々しい場面は、第二

ガリリアーノ橋で敵軍と対峙するバヤール

次世界大戦を扱った映画やテレビドラマでは紋切り型のシーンである。

バヤールは非の打ちどころのない人物であった。この表現から彼の騎士としての振る舞い、信仰心、そしてとりわけ王に対する絶対的な忠実さ、まったくの忠誠心が連想される。この点に関して彼は、フランス王の最高補佐官であったシャルル・ド・ブルボン〔軍人、一四九〇―一五二七。フランス王家に背き、カール五世と結んだ〕と対照的であった。教科書の著者たちは、シャルル・ド・ブルボンを邪《よこしま》な人物として描いていた。というのも、一時的にカール五世と手を組み、プロヴァンス地方に侵入したからである。シャルル・ド・ブルボンは、長い間子供たちの目には、『ローランの歌』の中に登場するガヌロンが端緒となる謀反人の長い系譜の中に入れられていた。

バヤールの栄光は、影がまったくなく、非の打ちどころのない人物像としての役割を果たしていることで説明されるが、だからといって人は彼の伝記をよく知る必要性があると感じているわけでもない。「怖れを知らぬ、非の打ちどころのない」騎士はその後、時代遅れの人物として扱われることとなる。バヤールは生涯を通じて戦士であり続け、戦闘で重傷を負った後、命を失った人であると単に理解されていた。彼が体現していた価値体系、偉業を成し遂げた戦場や彼の勇敢さを表す場面は、少しずつ廃れた。二十世紀後半になると、バヤールとは異なる他の英雄や誠実な人物像が登場してきた。バヤールはイタリア遠征の際に名を上げたが、もはや誰もその遠征に興味を持たなくなっていた。

そのうえこの人物の名は、あっという間に世の中から消えてしまった。彼の生涯は現実とはかけ離れた側面を持っていた。樫の木の下でほとんど中世的な甲冑を身にまとった彼の死の場面は、人々の記憶から薄れてしまった。バヤールは生身の存在に欠けていた。彼は純粋で、絶対的で、伝説的な雄々しさのかすかな思い出しか残さなかった。これらすべてのことは今となっては過去のものとなり、もはや現代人の賛美の的にはなれなくなった。

アンリ四世（一五五三―一六一〇）

フランス国王でブルボン朝の始祖。プロテスタントだったが、王位を継承した後にカトリックに改宗して、宗教戦争（カトリックとプロテスタントの長く続いた戦争、一五六二―九八）を終結させた。一五九八年「ナントの王令」を発布して、プロテスタントに信仰の自由を認める。フランスの国力を高めるのに貢献した。

「良王アンリ」は、われわれの意図から見れば特に興味深い人物例を示してくれる。というのも、彼の英雄の素質を末永く認めるような様々な議論や人物像が絶え間なく引き継がれてきたからである。

事実に基づいたことから述べることにしよう。ポー〔南仏の都市〕生まれのアンリ四世はベアルヌ人である。ヴァロワ朝の最後の三人の王に子孫がいなかったため、母親がすぐにそのことを察知し、かれは王位継承者として抜擢される。しかし、彼一人ではなかった。しかも、プロテスタントである。ともかく、ベアルヌ人アンリはシャルル九世〔宗教戦争時代の国王、在位一五六〇―七四〕の妹でマルゴ王妃のマルグリット・ド・ヴァロワと結婚するためパリに呼び寄せられる。しかし、そこには留まらなかった。宮廷を離れ、改宗したカトリック信仰を放棄する。

アンリ三世には、継承者がいなかったため、王位の後継者争いがアンリ・ド・ブルボンとギーズ公〔軍人、政治家でカトリック同盟の中心人物、一五五〇―八八〕との間で繰り広げられ、後者は王によって暗殺された。その後、プロテスタントの最高責任者、つまり最高司令官になったベアルヌ人アンリと、アンリ・ド・ギーズの弟にあたるマイエンヌ公との間で王位が争われた。戦争となり、アンリにとって、勇壮な戦士として活躍したアルク〔一五八九年〕やイヴリーで勝利を収めた時期にあたる。きわめて勇敢な彼は戦の真っ只中、自分が目印として着ている白い羽飾りの下に兵士たちが集結するよううながした。

しかし、パリはしっかりとカトリック同盟の支配下にあり、彼に門を開けようとしない。一五九一年にパリ攻略は失敗する。おそらくより簡単に、目的を達成するため、一五九三年七月二十五日彼は再び改宗する。異端者であることを断念し、カトリックとして死ぬことを誓う。このことによって、一五九四年二月二十五日シャルトルで成聖式を執り行ない、三月二十二日パリに入城する。

実質的な統治期間は十六年であるが、この期間はいくつかの重要な出来事によって特徴づけられる。一五九八年四月「ナントの王令」という名称のもとに収集された一連のテキストは、カトリック教を王国そして王の宗教とするが、プロテスタント派に信仰の自由を保証するものである。さらに、これらのテキストは、プロテスタントに特別な裁判権と居留地を約束する。当時、このナントの王令は妥協の産物であったが、意図的に目立たないようにしていたためか、その意図するところについてはほとんど気づかれずに済んだ。その頃、寛大さは、後にそうであるような普遍的な価値と見なされていなかった。信教の自由は、宗教戦争の惨禍から即刻免れることを考えれば、ちょっとした罪にしか見えなかった。

ナントの王令に加えて、アンリ四世の統治期間中に起きた重要ないくつかの出来事を取り上げてみると、ヴェルヴァンでスペインと締結した平和条約（一五九八年）、ルーベンス（フランドルの画家、一五七七―一六四〇）が描いた華々しく祝われたマリー・ド・メディシス（メディチ家の娘で、アンリ四世の妃、一五七三―一六四二）と王との結婚式、カナダにおけるフランス人の影響力、一六〇八年に、シャンプラン〔フランスの探検家で、カナダ・ケベックの総督となる。一五六七—一六三五〕によるケベックの建設がある。君は知っていると思うけど、一六一〇年に、アンリ四世は街頭でラヴァイヤックに殺された。このことだけで、この君主にフランス史上の偉大なる英雄としての誉れをその後もずっと与えるのに十分だったのだろうか。

つまり、彼の伝説は存命中に、あっというまに作り上げられた。よく理解しておかなくてはならないことであるが、宗教戦争は三十六年もの間、つまり一世代にわたり続き、暴力と恐ろしい大量虐殺が繰り広げられた。アンリ四世の統治が始まる頃、宗教戦争も終わりを告げ、この王は同時にヘラクレスの勇敢さに匹敵するほどの戦士のように、またフランスを平和に導き、動乱の直後にフランスを建て直し、いわば、強い権力の行使によってフランスを生き返らせ、改宗することによってクローヴィス★のイメージに結び付け、フランスの偉大さを復活させるために、神から送られてきた救世主のように描かれている。

この英雄化は、長い間、偉大なる宰相の役割を一身に体現していたシュリーの協力を得て、フランスに繁栄をもたらした君主像とも関係している。これは、よく言われるように平和を好み、賢明な「良王アンリ」が民衆の幸福に気を配り、田舎の住人の境遇にとりわけ配慮したことから生じた像である。この人物像から第三共和政下の小学校で配布された挿画が生まれる。これらの挿画は、人々に「チキンのポトフ」を定期的に食べさせることを約束する王、そして牧畜と農業を「フラン

アンリ四世の暗殺

スの二つの乳房」に例えたシュリーを描いている。アンリ四世の統治期間中からすでに、王の側近たちはフランスを「楽園」であるかのごとく、極端なイメージを広めた。

ハプスブルク家に対してまさに軍事介入をしようとしていた時、国内でのアンリ四世の暗殺は、悪人の犠牲者として、常に良いイメージをアンリ四世に与える。少なくとも当時印刷された「嘆きの歌」や「哀歌」の内容を信ずるならば、この犯行はフランス中を震撼させた。だからといってパニックになったわけではなく、瞑想と祈りに包まれた。犯罪により、良き王は殉教者の仲間入りを果たした。名だたる王たちを載せた仮の名簿にもアンリ四世は顔を覗かせている。ブルボン王朝の始祖はこうして英雄の地位を獲得した。

ルイ十三世〔在位一六一〇—四三〕そしてルイ十四世★の統治期間にアンリ四世の名声に陰りが見え始める。このアンリ四世は、アンリ三世の宮廷に集う人々の品の良さに比べると、粗野に見えた。面白みがあるものの少し下品さが漂う。しょっちゅうだらしがなく、女性とあらば誰でも追いかけ廻している彼の姿を人々は想像する。とりわけ、ベアルヌ地方出身の彼の仲間たちが遠い「田舎」訛りで話していたのを人々は思い出す。この田舎という新しい概念は、地理的なものだけに関係するのではなく、何よりも文化に関わっている。アンリ四世とその粗野な宮廷が体現していたこの文化に対抗するかたちで、ランブイエ侯爵夫人〔パリの自邸に文人を集め、文芸サロンを催した。一五八八—一六六五〕が司るパリの洗練《プレシオジテ》が作り出されたのだが、それはモリエールの目には気取り過ぎと映じた。

十八世紀に入るとアンリ四世の人物像は前向きに再評価され始める。一七二三年に、ヴォルテール〔作家、哲学者、一六九四―一七七八〕は、王の栄光を示すため、『アンリヤード』と題する叙事詩をまとめる。これは重要な作品である。これ以降、ナントの王令が意味する寛大さは、妥協というイメージの領域から出て、普遍的な価値として確立するのである。ヴォルテールは、アンリ四世にまつわる歴史書を読み返しながら、狂信の危険性を告発する。

王政復古の下〔一八一四―三〇年〕、フランス大革命とナポレオン帝政の直後、アンリ四世の人気は絶頂に達する。同時にブルボン王朝の始祖として、また「民衆の父」、模範的な君主として、あらゆる点で称揚される。ボルドー公にして、シャンボール伯、さらにもしアングレーム公である、王太子ルイ〔国王シャルル十世の子で、フランス最後の王太子、一七七五―一八四四〕が認めるのであれば、王位継承者となる「奇跡の子」アンリ〔ブルボン家最後の王位継承者、一八二〇―八三〕は、一八二〇年に生まれ、最も威信があると言われていたこの名前を授かる。彼は後に、王位継承者アンリ五世になる。奇妙なことに、第三共和政〔一八七〇―一九四〇〕下の教科書は、ブルボン王朝の英雄に「良王アンリ」のイメージを残している。新しい政治体制が築かれた時、プロテスタントの影響力は強かった。その時、寛大さの美徳の表れとしてナントの王令が賛美され、この寛大さは政教分離の原理にぴったりと合っていた。勝ち誇った共和政はヴォルテールの観点を再度取り上げたのである。

現在でも事情は変わっていない。アンリ四世が讃えられている偉大さは、今日、おそらく「チキンのポトフ」よりもナントの王令の思い出による。死後四百年にあたる二〇一〇年に、国立古文書館は文化省の後援を受けて、アンリ四世に関する充実したデータ・バンクを開設した。このことに関してはインターネットのサイト〈www.henri-iv.culture.fr〉で調べることができる。

リシュリュー（一五八五―一六四二）

枢機卿にして政治家、ルイ十三世の宰相。国内的にはブルボン王家の権力を高めるために有力な旧貴族を抑えつけて、絶対王政の確立に寄与する。また対外的にはハプスブルク家に対抗して、フランスの威信を高めた。

人々の記憶の中に刻まれ、教科書に描かれているようなフランス史における偉大な人物のリストに、ここ四世紀近くものあいだ、リシュリューが載っているのはなぜなのか。

それは彼が、是非はともかく、偉大なる宰相の典型を表しているからだ。この典型は、一般的な意見のなかで、切っても切れないほど、王と一つのペアとして考えられてきた。ここで王とリシュリューの補完性のようなものは、最も重要なことである。初めはルイ十三世のためらいもあったが、あたかも二人の間で契約を結んでいたかのように、表象の領域ではあらゆることがうまくいっている。共有された権力のイメージはフランス人の記憶のなかに留まった。ルイ十三世のぱっとしない性格――あるいはそのように思われているもの――が、少なくとも想像力の領域では、リシュリューの昇格を助ける。次のことを言っておかなければならない。ちょっとしたいさかいがあったにもかかわらず、この二人の関係は十八年（一六二四―四二）もの長きにわたって続くことになり、宰相はその間、ボシュエ〔聖職者、説教家、一六二七―一七〇四〕が称賛した公正王ルイ十三世の栄光に注意深く配慮したということである。

リシュリューが持っているもう一つの良い面は、断固たる性格で、驚くほど仕事を成し遂げる能力を具え、身体は病んでいるが痛みに堪えることができる男というイメージが強いことである。精神の強さ、さらに彼の厳しさが、聖職者としてはある種の残酷さのように思われる面もあるが、それは彼の精神の強さと厳しさを裏づける。教科書のなかでよく述べられていることだが、リシュリューはフランスのために誠心誠意働いた末に、仕事で身体をこわしてしまう。彼は夜四時間しか寝なかった。かくして、彼がさまざまな権謀術数を企て、陰険な手段によって権力を掌握したことも忘れさられてしまった。

それに、組織家という良いイメージが加わるのである。彼は公益に配慮し、秩序を保たなければいけない王国のなかで活動している。教科書の著者たちは、リシュリューが、同時に海上貿易や、船会社の設立や、たとえば絹織物業のような産業に力を注いだことを強調した。文化と名づけられている領域も忘れてはいけない。それは『ル・シッド』〔コルネイユの作品、一六三七年〕が初演され、フランス語の語彙が整理され、ボワロー〔作家、一六三六—一七一一〕が賞賛するあの「ついにマレルブが来た」〔『詩学』の一節で、古典主義文学理論に敬意を表している〕という時期であった。美術愛好家でもあるリシュリューは、ソルボンヌ大学の建造やアカデミー・フランセーズの創設〔一六三四年〕において重要な役割を演じている。

われわれの目に映る彼の姿は征服者でもないし、王国領土を広めた英雄でもない。それは、「黒幕」のジョゼフ神父〔リシュリューの協力者として、外交政策に力をふるった。一五七七—一六三八〕の助けによって巧みに自らの身を守り、特に外交によってスペインからの脅威に、また一時的であったがイギリスからの脅威にも耐えることができた者の姿であり、内政面では王太后と、守旧的な大貴族の一派と、ベリュル枢機卿によって代表されるスペインの徒党に対して打ち勝った聖職者の姿である。

とりわけ歴史家たちが教育において強調したかったのは、絶対主義への道を開いた宰相としての姿である。彼は地方の大諸侯たちを屈服させ、数々の陰謀を暴き、犯人を処刑した。彼は高等法院のメンバーたちも抑えつけた。彼は、百姓たちや乞食たちの反乱に圧勝し、そして何よりもプロテスタント派が、ナントの王令の部分的な譲歩を享受することを妨げた。これらの譲歩は、軍事力を有し、要職に就くことを可能にし、それによって王国の権力に逆らい、必要な場合には、王国の敵と手を組むことを可能にするからだ。十九世紀の偉大な歴史画において、リシュリューに関するもっとも印象的な作品は、武具をまとい、ラ・ロッシェル〔プロテスタントの拠点〕の町を包囲し、土手の建設を指揮し、一六二八年に飢えたこの町の降伏を受け入れる枢機卿の姿を描いている。ルイ十三世の栄光を確立した王国の勝利の後にもたらされたアレスの平和条約〔一六二九年〕は、リシュリューの企ての成功を示していた。「聖寵の王令」〔アレスの平和条約の別名〕は和解を表していた。第二のナントの王令のようであるが、プロテスタント派は軍事的諸特権を失うことになる。

それでも、リシュリューの捉え方は緊迫した状態を示している。幾度も描かれた武具をまとった枢機卿の姿は、われわれ現代人に何かしらショックを与えるものである。当時のカトリック教徒たちの目からみれば、この聖職者は、確かにフランス国内の異端者たちと断固として戦ったが、同時に、スペインの敵でもあるプロテスタント派とも手を組むことを躊躇しなかったのだから、当惑させられる人物なのだ。十九世紀はずっと後に、厳格で、かたくなで、残忍でさえある枢機卿のイメージを広めた。アレクサンドル・デュマの小説『三銃士』のなかに登場する人物の描写を思い浮かべさえすれば分かることである。現代の歴史家たちは、そこに新たな情報を付け加えている。それは十七世紀前半の文学と関連している想像力という情報が、当時の歴史について持つ重みである。この文学は今や再発見の対象になっている。

マザラン（一六〇二―六一）

政治家、ルイ十四世の宰相。国王が幼い頃は、摂政アンヌ・ドートリッシュと協力して、王権の強化に努めた。ピレネー条約でスペインとの戦争を終結させ、領土を拡大するなど、外交面での功績が高く評価されている。

フランス史における偉人たちの中で、ルイ十三世とリシュリュー★が切り離せないならば、リシュリュー★とマザランも同様に引き離せない。ただしこちらは、引き継ぎというかたちである。リシュリュー★最晩年に腹心となったマザランは、彼の後継者として現われる。彼は良き指導者からルイ十三世に推挙され、まずリシュリュー★、そしてわずか数か月後にルイ十三世が相次いで死ぬと、幼いルイ十四世★の摂政となった大后アンヌ・ドートリッシュ〔ルイ十三世の妃にして、ルイ十四世★の母、一六〇一―一六六六〕により、リシュリュー★の役割を引き継いだ。

見かけがよく似ているところから、よく二人の大臣を比較する傾向がある。フィリップ・ド・シャンペーニュ〔ベルギー生まれのフランス画家、一六〇二―七四〕が二人を別々に描いた肖像画は、それを物語っている。リシュリュー★と同様、マザランも十八年の間重要な位置を占めていたが、それは権力から遠ざかった二つの期間を差し引いてのことである。

以上のことにもかかわらず、二人の人間はかなり違うように思える。それは、彼らが自らの権力を行使した立場についても同様である。二人の性格それぞれについて残されたイメージが、それを物語っている。リシュリュー★のあからさまに毅然とした態度と、マザランの悪知恵、柔軟な考え、さらに人にこびへつらう態度はじつに対照的だ。さらにこのフランス史の英雄は、一六三九年、三十七歳でようやくフランス人となった。マザランはシチリア人で、父の名はマッツアリーノ〔またはマッツアリーニ〕であり、またかなり長い間スペインに住んだので、スペイン語を熟知していた。

大貴族たちは彼にたいして尊敬の念を抱こうとしない。彼らにとって、彼の性格と同様に彼の出身が威光を消し去るようなかたちとなる。フロンドの乱〔王権への反対運動、一六四八―五三〕の間中、民衆は彼を嘲笑する。この嘲笑を表現した歌や詩は「マザリナード」という名で呼ばれている。

若きルイ十四世★と彼を結びつける絆は、ルイ十三世とリシュリュー★をひとつに結びつけた絆と同じ性質ではない。マザランは、一六四三年から一六五一年まで幼き王〔ルイ十四世★〕の摂政となった大后アンヌ・ドートリッシュの愛人であったと言われている。この噂話はおそらく根拠のあるものである。この混乱した期間中、フロンドの乱がさまざまな形でもたらす脅威、つまり高等法院の反発、大貴族の反発、そして両者の共同謀議などに対して、マザランは幼いルイ十四世★の保護者であった。後世から見れば、これらの場合にマザランは、危うく崩壊しそうになった王権の救い主として現われるのである。

ルイ十四世★が君臨した最初の十年間、つまり王が成人に達してから〔一六五一―六一〕、マザランは王のよき助言者としての役割を果たす。その間、彼はその後の王権組織を準備したのであり、その人事はルイ十四世★の後の側近たちとなる。こうしてマザランのおかげで、コルベールが登用されることになる。

マザランがフランス史における偉人の一覧表に載るのは、何よりもまず、彼が外交面で収めた成功による。彼が権力を掌握していた時代は、コンデ〔軍人で、ルイ十四世★に仕える。一六二一―八六〕やテュレンヌ〔対外戦争で活躍した元帥、一六一一―七五〕のような大指揮官たちの、そして大勝利の時代にも相当する。ロクロア(一六四三年)やランス(一六四五年)の勝利などがある。これらの大勝利のおかげで、非常に重要な条約の締結が可能になった。たとえば、ウェストファーレン条約(一六四八年)はアルザス地方を獲得したことを認めた。またピレネー条約(一六五九年)は、長期にわたるフランスとスペインの戦争を終結させ、ルシヨン地方〔フランス南部〕をフランス王国に併合させることになった。

それ以外のことに関して言えば、マザランの性格は非常に分かりづらい。まるで双面の神ヤヌスのようである。枢機卿でありながら、どうやら上級聖職位に就いたことがなく、ただ享楽的な人間である。若い頃は艶福家だったと言われる。莫大な財産を所有していることで、彼は貪欲な人というイメージを与えられている。また彼は文芸の庇護者でもあり、絵画や彫像の大収集家でもある。彼の蔵書は、後の「マザリーヌ」、今日ではフランス学士院〔五つのアカデミーの合同組織〕の一部になっているが、当時はもっとも豊かな蔵書の一つであった。

とりわけ彼の存命中、彼の性格は非常に論争の的となった。歴史教科書はリシュリュー★に匹敵するような重要な位置をマザランに付与しているが、それはその後に起こったことに関係している。彼の地位が高まったのは、フランスの運命をめぐる後世の考え方の結果である。彼が死去した時(一六六一年)、やっと平和が戻り、どの国境においても侵略に脅かされることはもはやなくなった。王国の領土は拡張された。ルイ十四世★とスペインの王女マリ＝テレーズ、そして王の弟とアンリエット・ダングルテール〔英国王チャールズ一世の娘にして、ルイ十四の従妹〕という二組の結婚がこれらの成功を象徴していた。

マザランの死にともない、実質的な権力を持つ偉大な宰相の典型が消えてしまう。マザランは、ルイ十四世★がみずから君主権を行使できるよう準備したのだった。

マザラン（1602—61）

ルイ十四世（一六三八―一七一五）

絶対主義王政を体現する国王で、「太陽王」と呼ばれる。幼くして即位し、七十年以上にわたって国王の地位にあった。ヴェルサイユ宮殿を完成し、そこで華麗な宮廷文化を開花させ、その威光は全ヨーロッパに知られた。しかし対外的には、周辺諸国との度重なる戦争で財政難を招いた。

ルイ十四世の名は、フランス史に登場する偉人や英雄を扱ったあらゆる一覧表に載っている。それが、世論調査であろうと、機関誌によって実践されたアンケートであろうと、あるいは、時代ごとに文芸や芸術分野の名士によって作成された単なる受賞者名簿であろうと載っている。その知名度は国際的である。しかし、とりわけ一九五〇年代の終わり頃から、多くの歴史家たちは彼の統治期間中、特に最後の二十年間にフランスで起きた悲惨な出来事や不幸な出来事を強調した。かくして、一七〇九年冬にフランスを襲った恐ろしい寒さのことは今日でもよく語られる。

ルイ十四世は英雄以上の存在であり——とはいえ自らが率いる戦争で彼のとった行動は、時には彼の勇敢さを示していた——、フランスの君主たちのなかで最も偉大な人物として描かれ、「太陽王」と呼ばれている。彼自身が積極的にこの栄光の象徴を作り出し、それを広めるのに貢献した。彼の治世はたいへん長く、七十二年にもわたり、また驚くほどの長寿であったが、七十七歳という年齢で悲劇的な状況のなか息を引き取る。これらの特徴のおかげでルイ十四世は、まずマザラン★、そしてコルベール、ルーヴォワなどのすぐれた大臣たちに囲まれた、典型的な国王になった。これらの大臣たちもまた、生徒たちが使用する歴史教科書のなかに登場する。

太陽王は、いくつもの栄光のイメージをもっている。まず、彼の軍隊の運命は不安定だったとはいえ、軍事的栄光がある。兵隊の数は五十万を超えるほどであったが、これは当時としては膨大な数であった。当初、偉大なる指揮官たちがこの栄光に貢献した。たとえば年老いたコンデ、テュレンヌ、そして最後にヴィラールがいて、このヴィラールはドゥナン〔北フランスの町〕の戦に勝利を収めて、一七一二年に外国の侵略からフランスを救った人物である。この点でルイ十四世の親政時代は、その前の時代とは異なる。ピレネー条約（一六五九年）、さらにルイ十四世とスペイン王女マリ＝テレーズとの結婚によって、フランスはスペインの脅威から解放された。イギリスの王位に就いたチャールズ二世の王政復古から（一六六〇年）、ジェームズ二世を追放した一六八八年の名誉革命まで、フランス王とスチュアート朝の間は深い関係にあった。そのおかげで、ルイ十四世は中央ヨーロッパとオランダで戦争を繰り広げることができたのである。それに反して、彼はその後に──最終的に成功で終わったが──いくつかのヨーロッパ同盟に抵抗しなくてはならなかった。最も深刻だったのは、治世の終わり頃、孫のアンジュー公がフェリペ五世としてスペイン王家を継承した時のヨーロッパ同盟で、これは繰り返し言わなければいけないことであるが、悲惨な形で終わりそうになった。こうした軍事的栄光は人々の記憶のなかで、ヴォーバン〔軍事技術者で、要塞戦術を改革した。一六三三―一七〇七〕のそれに結びついていた。ヴォーバンの思い出は、二十世紀半ばから薄れていったが、その後つい最近のことであるが、彼が築いた多くの城塞が世界遺産に登録されたことで名声を取り戻した。

ルイ十四世の功績は、軍事だけではない。今日では、特に芸術愛好家として、また芸術家たちの庇護者として称賛されている。今やヴェルサイユ宮殿の世界的名声が、彼の威光を作り出す。今日

「文化」と名づけられているものと関係するあらゆる事柄にルイ十四世が魅力を感じていたことを示す証拠は、他にも数多く残っている。ルイ十四世はバレエの振り付けを好んで行なっていた。彼自身、優れたダンサーであった。統治期間中、リュリからクープラン、さらにシャルパンティエ〔いずれも十七世紀の作家〕までのフランス音楽はその独創性を発揮した。祝宴、そして一般的に宮廷の豪華さは、フランス文芸の偉大さと結びついていた。年老いたコルネイユ、王の側近であるラシーヌとモリエール〔いずれも十七世紀の劇作家〕、また詩法を体系化したボワローはルイ十四世の名声に貢献する。君主に対する距離感がどうであったにせよラ・フォンテーヌ〔詩人、寓話作家、一六二一―九五〕、この世紀のモラリスト作家たち、そして他の誰よりもおそらくモーの司教ボシュエ、一群のすぐれた説教師のなかで最も卓越した人物であり、王権神授説を定義し、そして称揚したあのボシュエが、人々の記憶のなかでルイ十四世の栄光と深く結びついている。偉大なるルイ十四世は長い間、文芸の偉大なる世紀の王であり続けた。

しかし、彼の栄光を支えるもう一つの支柱がある。ルイ十四世は、フランスの大貴族たちを自分に結びつけ、監視下に置き、そして支配した。このようにして、大貴族たちの力を殺いでいった。一六八二年、パリからヴェルサイユに宮廷を移したことが明白に示しているこの中央集権化は、きわめて厳しい儀礼を伴った。中央集権化は「宮廷社会」の成立によって明確になるが、「機械としての王」をとりまく個人の心理現象にこの宮廷社会が及ぼした影響は、近年よく分析されたところである〔アポストリデスの『機械としての王』など、十七世紀の宮廷社会を論じた一連の著作がある〕。

太陽王の栄光は、長い間、古典主義の崇拝と深く関係していた。これは私が思うには、二十世紀の半ばまで、少なくとも教育界ではよく知られていたことである。今日、ヴェルサイユ宮殿は観光名所となり、ルイ十四世の名声を維持している。それに対して、コルベールの偉大な経済政策の思い出は、長い間「重商主義」という名で褒めそやされこそしたが、今では人々の記憶のなかで薄れてしまった。樹齢数百年に達する樫の木の伐採の話だけがマスメディアによって伝えられて、時々コルベール財務総監の偉大さを蘇らせる。

現代の感覚では、かつてルイ十四世が引き起こした称賛の念は薄らいでいる。彼の治世が終わる頃、二千万人のフランス人が経験した貧困は、重税、軍事費、そして「小氷河期」と呼ばれた気候に関係していた。また多くの人々が今日、ルイ十四世がナントの王令を廃止したこと〔一六八五年〕を非難している。この王令の廃止によってプロテスタントが国外に亡命し、セヴェンヌ地方での混乱〔一七〇二―〇四年にかけて、プロテスタントが国王軍に対して起こした抵抗運動を指す〕を招き、そしてそれがフランス経済に悪影響を及ぼしたと言われるが、それはいくらか誇張である。

さらに最近では、ルイ十四世の長期間にわたる病苦が明らかになったこと、治世の終わり頃家族に降り懸った不幸、そして子孫のほぼ全員が死去したことが、偉大なる王のイメージを曇らせる。現代ではサン＝シモン公爵〔作家、一六七五―一七五五。『回想録』はルイ十四世時代の宮廷生活を伝えるものとして有名）の『回想録』が大人気を博しているが、国王の衰退期の逸話を詳細に描いたこの著作は新たな暗いイメージを定着させる。しかしこの点で最も重要なことはおそらく、王権神授説にもとづく王政が政治に関する現代の考え方に反していることである。

　ルイ十四世（1638―1715）

大革命の英雄たち

ロベスピエール

ダントン

フランス革命時代に指導的な役割を果たしたのは山岳派のマラー、そしてジャコバン派のダントン、ロベスピエールらである。マラーは新聞『人民の友』を発刊して、急進的な改革を主張した。ダントンとロベスピエールは王政の廃止を唱え、ルイ十六世とマリ＝アントワネットを死刑に処したが、内紛の末みずからも断頭台に上った。

大革命時に、その後フランス史における英雄と見なされるようになった人物は男女を問わずいたのであろうか。

一見したところ、この質問に肯定的に答えることができる。というのも、大革命はその後のフランス史を成し、作り上げたかのように見えるからである。大革命はこのフランスに自らの価値を定着させた。それは人権宣言および市民権の定義づけ、また祖国が危険にさらされた際の防衛義務のことである。

肯定的に答えられる理由は他にもある。幼少期から、あらゆるフランス人の精神は大革命の主役を務める人物の挿画に影響されてきた。ミラボー〔一七四九―九一〕は球戯場の誓い〔憲法制定まで国民議会を解散しないことを宣言。一七八九年六月〕を促し、ダントン〔一七五九―九四〕は力強く叫ぶ「勇気が、さらに勇気が必要なのだ」と。ロベスピエール〔一七五八―九四〕は廉潔の士として紹介され、質素な部屋に住んでいた。マラー〔一七四三―九三〕はシャルロット・コルデーによって浴槽の中で暗殺された。伝説的な人物で、ヴァンデ人〔ヴァンデはフランス西部の地方で、王党派だった〕と戦った英雄である若きバラ〔少年兵、一七七九―九三〕だけが、二十世紀半ばから英雄扱いされなくなった。

革命軍を指揮した偉大なる将軍たちに関して言えば、古代への言及が遍在していた時代に、長い間彼らは、プルタルコス風の英雄の姿をまとっていた。それはデュムリエ、ケレルマン、オッシュ、そしてとりわけマルソー〔以上はいずれもフランス革命期の軍人〕を思い浮かべればすぐに理解できる。

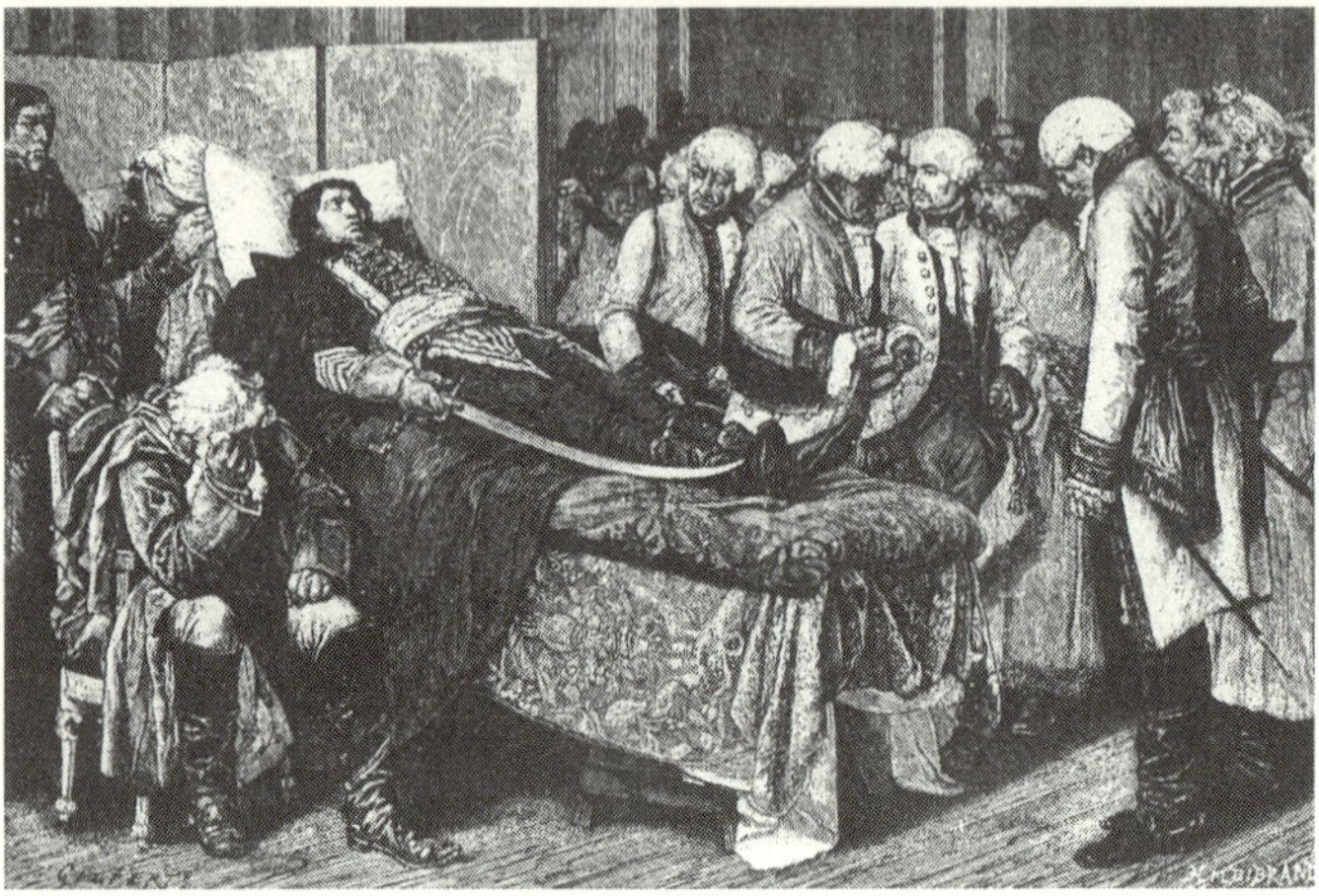

マルソー将軍の死

大革命とその偉人たちは二度にわたって讃えられた。まず一八八九年に、第三共和政が、フランス史の始祖となった大革命の壮挙を記念して式典を行ないたいと思った時。次に、一九八九年の大革命二百周年の際、フランソワ・ミッテラン大統領とジャン＝ノエル・ジャンヌネ貿易担当相が、大革命の主役たち、そしてとりわけ大革命の諸価値を新たに称揚したいと思った時である。とにかく長い間、大革命は数多くの英雄を含む記憶の貯蔵庫のように思われてきた。

したがって、一九四八年、一九四九年頃からフランス史における偉人と見なされる個人の名簿から、大革命の英雄たちが消え去ったことに気づいてわれわれは驚く。彼らをめぐる多くの祝祭や記念行事があったにもかかわらず、そうなのだ。ただロベスピエールだけが、若者、労働者、左派の人間の記憶に浮かび上がる。しかし、彼の人気はインタビューを受けた人々の五パーセントにしか関係しない。

この逆説を説明するのは難しい。せいぜい、いくつかの仮説を立てることができるだけだ。大革命の偉大なる将軍たちの栄光に陰りが出ることは、驚くにあたらない。彼らはすべての軍人同様、とりわけナポレオン帝政の元師たちのように、英雄戦士に降りかかった悪評に苦しめられた。この点はまた後で論じることにしよう。

他の偉大なる人物に関して言うならば、大革命は当時からすでに彼らを自らの勢いの中に巻き込んでしまった。数年の間に彼らは失墜し、さらに悪いことに、彼らは互いに殺しあった。ダントンやロベスピエール、マラーも彼なりに、そしてジロンド党員自身も自らの暴力の犠牲となった。それ以前に、放蕩者ミラボーは早くから汚職事件に関与した疑いをかけられていた。一時賛美されていた者、さらに死後パリのパンテオンに祀られた者が、少し経ったある日罵られたのである。すでに指摘したように、葬儀の日に称賛されたマラーは、パンテオンに祀られた。しかしそれから間もないうちに、マラーの反対派は彼の遺灰を下水道に投げ捨てた。恐怖政治の時代に権力を行使していたロベスピエールは、テルミドール〔国民公会の反ロベスピエール派によるクーデタ、一七九四年七月〕の直後ギロチンにかけられ、嫌われた。要するに、これらの英雄たちは互いに下劣な行ないをしていた。

おそらくこのことだけでは、彼らを忘却のなかに追いやり、大革命にふさわしくない人物にするには不十分であっただろう。しかし彼らは、十九世紀全般に大きな影響を与え、一九八九年にその反響を蘇らせるような長い議論のせいで、栄光がかすむことにもなった。大革命のうちから、一七八九年の貢献〔憲法制定議会の設立や人権宣言など、革命当初の出来事〕を評価すべきなのか、それとも一七九三年の貢献〔一七九三年にはルイ十六世が処刑され、ロベスピエール率いる山岳派の独裁が始まった〕を評価すべきなのかということが問題になっていた。共和政は明らかにこれら二つの時期の初めの方の出来事を優先した。共和政は球戯場の誓い、バスティーユの奪取、人権宣言、そしてとりわけ一七九〇年の市民連盟祭を祝った。さまざまな歴史上の出来事の集合体とその象徴に愛着を抱いているミシュレが、この点でおそらく大きな影響を及ぼしたに違いない。この選択がなされる際に、ロベスピエールや山岳派の人たちの業績、毎日のように行なわれる断頭台での処刑や残酷な行為に、徐々に嫌気を起こさせた恐怖政治の思い出が批判された。現在の傾向としては、人々は血の流れる残虐さに対して嫌悪感を強く抱く。したがって、大っぴらにマラーやダントンやロベスピエールを尊敬することは難しくなったのである。

大革命に良いイメージを与えるきっかけは、人物を英雄化することから、共和政の諸原理や諸価値を確立した文書を称賛するほうへと移ったのである。それはまるで暴力に満ちた時代の歴史を浄化する、あるいは少なくともそれを抽象化するかのようであった。

今日では、大革命の主役に英雄像を重ね合わせるかどうかは各人によって異なる。そして犠牲者に対する同情ということを除いて、この分野で意見の一致をみるのは難しい。しかもこの混乱していた時代に、犠牲者といえどもそれ以前はしばしば加害者の役割を演じていたのである。

要するにごく少数のグループのなかで勝手に死刑を執行し、抹殺したことに対して、今日では身の毛がよだつ思いをするが、他方で、大革命の全体的成果に対する称賛の念が存在し、あるいは増大し、その諸原理を参照することが増えているというのも事実である。おそらくそれが、最近の歴史書が拷問、ギロチン、虐殺に関する出来事に焦点をあてていることの説明になる。

このような状況のなかで、ルイ十六世とマリ゠アントワネットをめぐる記憶の行方に関しては何が言えるであろうか。この行方がたいへん複雑であることは確かだし、そして今日ではきわめて曖昧なものとなっている。すぐ分かるように、ほんのわずかな人々がこの君主夫妻をフランス史の英雄と見なそうとした。一九四八年にインタビューされたフランス人の一〇パーセントのみが、彼らの存在を認めているにすぎない。しかし犠牲者の名誉回復がなされることを考慮すると、彼らもいつの日か英雄の座に就くのは不可能ではないと思われる。

彼らの問題を見てみよう。ルイ十六世は先王たちと違って、王位継承後、戦場に姿を現したことが一切ない。まったくプルタルコス風の英雄ではなかった。彼は一七九二年四月から八月にかけて自ら戦いに加わることができただろう、と言う人がいるかもしれない〔この時期、フランスはオーストリアと戦争状態にあった〕。だが彼がたとえ望んだとしても、おそらく戦場に行く許可は与えられなかったであろう。

しかしながら、彼はイギリス軍に対して仕掛けた海戦〔一七八一年〕で勝利した君主だったし、この戦そのものは、一七八三年にアメリカの独立を認めたヴェルサイユ条約の締結により終わりを迎えることになる。

そのうえルイ十六世は王政復古時代に、「ブルボン王家の死に方」を他の誰よりもきちんと示すことができた殉教王として祀られていた。投獄中の彼の威厳あふれる態度や断頭台の上での英雄的な振る舞いによって、この殉教王のイメージは作り出され、さらにこの王の遺書は、フランスのありとあらゆる教会で読まれた。こうしてルイ十六世をめぐる考え方が根本的に覆されることになった。というのも、大革命前でさえルイ十六世は滑稽で無能な国王という、否定的なイメージをつけられた犠牲者だったからである。大革命下では、裏切り者の国王、王国から逃亡しようとした君主のイメージ、そして彼の裁判で露わになった怪物のイメージが徐々に定着していった。

滑稽で軟弱な王から殉教王へというイメージの落差は大きい。その後の世紀の人々の記憶のなかで、ルイ十六世の英雄化の話は比較的狭い範囲でいくつかの小集団に限り認められるにすぎなかった。

人々の記憶に残るマリ＝アントワネットの生涯は、さらに興味深い。王妃はアンシャン・レジーム末期に、非常に強く罵倒された。数多くの誹謗文書によれば、彼女は不貞の妻であり、とりわけ義理の弟アルトワ伯の愛人であり、奉公人たちと肉体関係をもつ尻軽女であり、同性愛者であった。裁判の際、彼女が行なった下劣な行為の数々に近親相姦まで付け加えられた。自分の息子と恋愛関係にあったと非難されたのである。そのうえ大革命の際、王妃マリ＝アントワネットはオーストリア女を体現する。彼女は風刺画であらゆる怪物、とりわけハルピュイアとして描かれている。

しかし二十世紀の間に、徐々にマリ＝アントワネットの人物像に変化が現れはじめ、一七九三年に起きた出来事〔マリ＝アントワネットがギロチンで処刑される〕の拒絶も大きくなった。今日では、恐怖政治に対する公然たる非難が、その反動で王妃への尊敬の念を引き起こし、彼女が徐々に残酷さと残虐行為の犠牲者であったかのように見えてくる。その時から意地悪女のイメージは消え去り、彼女に対する同情が増幅されるようになる。

ところがごく最近になって、歴史上の人物を少しずつ「スター化」する傾向がそれに加わった。この傾向は、マリ＝アントワネットを主人公にしたソフィア・コッポラ監督の最近の映画によく示されている。体制崩壊直前の奢侈や豪華絢爛さや装身具や香水、そして「牧歌風景」や宮廷の洗練、ヴェルサイユ宮殿で繰り広げられた美食と衣服の流行への関心が、マリ＝アントワネットの人物評に、魅惑、ねたみ、感嘆そして哀れみによって形成される強い情動の複雑な混合物を添えている。

確かに、豪華さと輝かしさのなかで変わる王妃を痛ましい人物像に仕立て上げるための論拠には、事欠かない。不幸な結婚、彼女に対する民衆の嫌悪、彼女にふりかかる中傷運動、一七八九年の長男の死、そして彼女の逮捕、子供たちと共に過ごしたタンプル塔での幽閉生活、夫の処刑、自らの裁判で答えなくてはならなかった卑劣な非難、死に瀕していたにもかかわらず断頭台まで移動させられたこと、さらに忘れてはならないことであるが、息子のその後の運命がもたらす激しい恐怖〔次男ルイは一七九五年、悲惨な状況の中で死んだとされる〕。私が思うには、これら全てのおかげで彼女のイメージが徐々に英雄のイメージに変わり、マリ＝アントワネットは、テレビ映画の監督たちが今やその記憶を再評価しようと努めるような女君主の一人になったのである。私が特に考えているのは、ウジェニー皇妃〔ナポレオン三世★の后、一八二六―一九二〇〕の記憶すべき生涯である。

いずれにせよ、あらためて強調しておこう。現在のところ、ルイ十六世もマリ=アントワネットも、世論調査に示されるようなフランス史の英雄の一覧表には載っていない。

ナポレオン一世（一七六九―一八二一）

軍人、将軍そして皇帝。革命時代から軍人として比類ない才能を示し、一八〇四年にはクーデタによってみずから皇帝の地位に就く。ヨーロッパ諸国との戦争で輝かしい成果を収め、民法典などの法律、銀行制度、教育制度などを整備し、近代フランスの基礎を築いた。

軽蔑するような発言がどれほどあろうとも、イギリス人が彼のイメージを落とすためにどれほど大きな努力をしようとも、ほとんど外国人に等しいコルシカ島出身であろうとも、「食人鬼」を公然と非難する暗い伝説があろうとも、調査をするにつれてナポレオンはフランス史における最も偉大な英雄として考えられている。人間としての器、数多くの側面と彼の活動分野の多様性、および彼の業績の偉大さを考慮に入れると、これは表象の歴史家に解決しがたい問題を提起することになる。数ページでナポレオンを扱うことは不可能だから、ここでは人々の記憶のなかで彼がどのような存在なのかという問題に限ることにしよう。

まず、幼少期からナポレオンは、ひらめきや勇敢さによって人々を魅了し、そのひらめきや勇敢さは事物や、人間や、状況に向けられるまなざしによく表れていた。実行する際の決定の迅速さ、気力、勇気はまわりの者たちを驚かせた。さらに、彼が多様な知識を身に着けていたことを付け加えなければならない。ボナパルトは精密科学に熱中する数学者であり、蔵書から離れようとしない読書家であり、それに重要な決定を示す公式文書を同時に何人かの秘書官たちに口述することができるすばらしい作家である。ひどく疲れる戦役の最中でも、彼はフランスの舞台芸術から目を離さなかった。想像の力、夢に従う行動力を忘れてはいけない。そのことを例証しているのが一七九八年のエジプト遠征、一八一二年のロシア戦役、一八一五年のエルバ島〔イタリア領の島〕からの帰還、さらにアメリカ合衆国に亡命しようとした気持ちである。

エジプト遠征中、ピラミッドを前にして自軍を鼓舞するナポレオン。

サン=ベルナール峠を越えるナポレオン軍

政治の領域におけるナポレオンの重要性は、当然のことながら人々の記憶に対する彼の影響力を説明するのに貢献している。執政政府時代〔一七九九―一八〇四〕のブリュメール十八日に、大革命の本質的な価値を保ちつつそれを終結させた人物として現われる。彼は混乱を終結させ、政教協約〔一八〇一年、教皇ピウス七世とナポレオン一世の間で交わされた協約〕の締結によって宗教勢力との和解に成功し、権力組織を再構成し、県の行政を作り出した人物でもある。一八〇〇年に、彼はマレンゴ〔イタリアの町〕での劇的な勝利で対仏同盟〔フランス革命および第一帝政期に、ヨーロッパ諸国が七回にわたって結成したもの〕を崩壊させた人物である。とりわけ十九世紀に入ると、他のイメージが人々の記憶のなかに定着した。それは一八〇四年十二月二日に行なわれた戴冠式であり、この式は豪華絢爛に、第四の王朝すなわちボナパルト家の成立を告げた。さらに、栄誉への渇望を絶えずかき立ててきたレジオン・ドヌール勲章が創設される。

彼の君臨以来、誰もがナポレオンは近代フランスの創設に貢献した人物であるという思いを持ち続けた。特に、まず法律の分野においては、民法典〔一八〇四年〕と刑法典〔一八一〇年〕の作成の重要性を否定する歴史家はいない。彼のおかげで大学の創立が可能になった。ここ数年、エジプト遠征が有する学術的重要性を示した書物が数多く刊行された。執政政府のもとでフランス銀行が開設され、それにともないフランス・フランも創設され、ナポレオンは手工業工場《マニュファクチュール》に関心を持ち、大陸封鎖〔ナポレオンが一八〇六年、イギリスに対して宣言〕によって普及した甜菜からの製糖が一気に発展した。そしてそれらが数多くの絵画表現を生み出した。

われわれにとって最も重要な点は軍事的功績である。すでに見たように、ナポレオンはプルタルコス風の英雄の再来である。それは、アルコラ橋でのイメージに伴う勇敢さ〔一七九六年のイタリア遠征の戦場〕、「ちびの伍長」〔ナポレオンのあだ名〕による野営地の訪問に示される自らの兵士に対する打ち解けた態度、彼が自らの軍隊を民衆の母体にするやり方、一七九六年イタリア遠征の際に示された戦略上の天才的なひらめきによって分かることである。その後のアウステルリッツ、イエナ、フリートランド、ワグラムでの勝利や、一八一四年の国土防衛の挿話までが、彼の戦略上の才能を示している。しばらくの間、彼はヨーロッパを再編成し、帝国をハンブルグからローマまで広がる百三十の県からなる領土にした。

しかし、もしナポレオンが自らの栄光のイメージ作りに首尾よく絶えず励み続けなければ、このことは、人々の記憶のなかにナポレオンへの賛嘆をそれほど強く根付かせるのにおそらく十分ではなかったであろう。ナポレオンが権力を握っていた時、まず何よりも次のようなことがあった。つまり建築家、彫刻家、画家を利用し――ダヴィッド〔ナポレオン一世の宮廷画家、一七四八―一八二五〕の作品《戴冠式》を思い出してほしい――、記念柱を建立し、あらゆる記念建造物に鷲と蜜蜂を描いた紋章を増やし、宮廷での式典に独創性を凝らし、ナポレオン軍の公報を作成、配布し、ほんの小さな農村にまで勝利の鐘を響かせ、他にもさまざまな措置をとった。そのおかげで人々の精神のな

ダヴィッド《皇帝ナポレオン一世と皇妃ジョゼフィーヌの戴冠式》（1805〜07年）

かに、君主の偉大さ、軍功に輝く皇帝の偉大さ、さらには文芸庇護者としての偉大さがしっかり植えつけられたのである。

とはいえこの領域で最もすばらしいのは、おそらくセント＝ヘレナ島で書き上げられた作品、この小さな島で生まれた文学全体に関連した事柄であろう。とりわけラス・カーズ〔作家、ナポレオンの侍従としてセント＝ヘレナ島に同行、一七六六―一八四二〕の『セント＝ヘレナ覚書』の刊行後、この島は模範の島となった。こうして、百日天下の間にすでに素描されていた皇帝の自由主義的なイメージが作り上げられる。まるで神聖同盟〔一八一五年にロシア、オーストリア、プロイセン間で結ばれた同盟〕の列強国によって鎖で繋がれたプロメテウスのように、ナポレオンは殉教者となり、十九世紀に彼への真の崇拝が広まり始めた。このイメージが十九世紀の偉大なる共和主義者たち、特にヴィクトル・ユゴー★を魅了したのである。他方で、ナポレオンを十八世紀最後の偉大な啓蒙専制君主と見なすことも十分正当化されるであろう。一言でいえば、ナポレオンを同時にプルタルコス風の人物、啓蒙の偉大なる人物、そしてロマン主義的な英雄と見なすことができる。

歴史に熱中したこの時代の人々は、十九世紀を創った者たちの記憶のなかで生きたいと願ったものだが、この願望こそが十九世紀を通してナポレオンの人気を支えたのである。一八四〇年、アンヴァリッドでなされた「遺灰の帰還」〔ナポレオンの遺灰は一八四〇年、セント＝ヘレナ島からパリに戻された〕に際して称揚されたナポレオンの、人々の記憶に残る生涯、十九世紀末まで音楽家たちに影響力を与えた、人々の記憶に残るあのベートーヴェンの生涯、そしてドイツ文学における絶対的な基準である、あの記憶に残るゲーテの生涯は、それぞれ独自に、十九世紀の人々が持っていたこの深層傾向を説明している。

今日では、血を流す場面を耐えがたいものと考えられ、戦場の英雄が尊敬されなくなったというのに——少なくともフランスにおいては——、逆説的にもナポレオンは人々を魅了し続ける。というのも、彼の驚くべきスケールの大きさが感じられるからだ。アンヴァリッドの墓に詣でる観光は、衰えを知らない。パリでナポレオンの面影は、エトワール広場とカルーゼル広場にある凱旋門と、ヴァンドーム広場の記念柱によって維持されている。この面影は、大通りの名前から分かるように、賞賛された元帥たちの思い出を取り込んでいる。さまざまな二百年祭が祝われている近年、テレビで強烈な印象を与えているアングロ゠サクソン人たちのナポレオンに対する敵意も、彼の記憶の偉大さを崩すことはできない。とはいえ、トラファルガー海戦やワーテルローの戦いを描いた場面がテレビや映画の画面に登場しない、ということではない。結局のところ、これは公共部門の奇妙な選択である。あるいは、アングロ゠サクソン人からフランスの敗北を描いた作品を買い取るほうが、フランスの勝利を映し出す映画やテレビ映画を製作するよりも安上がりということかもしれない。

アルフォンス・ド・ラマルティーヌ（一七九〇―一八六九）

作家、政治家。『瞑想詩集』によってフランス・ロマン主義を代表する詩人としての地位を確立。その後政界に進出し、議会での雄弁で知られた。一八四八年に成立した第二共和政では外務大臣を務め、新体制の中心となった。

一九四九年に、フランス人が偉大な人物と見なしていた人たちの一覧表に、ラマルティーヌの名が載っていることに気づくと驚かないわけにはいかない。彼が分かりやすい言葉を用いた詩人であったことが、一見したところ、この名声の根源のように思われる。ラマルティーヌは純朴な感情を伝え、そして自然への感情や生まれ故郷への愛着を称揚し、ロマン派の愛の詩を詠うことができた。「湖」、「谷間」、「ミリーあるいは生まれ故郷」などの詩を暗唱したせいで、おそらくフランス人はラマルティーヌを思い出すのである。他にもロマン派の詩人はいたが、だからといってヴィニー〔一七九七―一八六三〕やミュッセ〔一八一〇―五七〕のような詩人は、人々の精神に大きな影響を与えたわけではない。ヴォルテールとヴィクトル・ユゴー★を除いては、他のどの作家も、一九四九年の世論調査が明らかにしている一覧表には載っていない。

したがって、ラマルティーヌの名声のもとになったものを別の所で探さなければならない。彼の詩集が大成功を収めていた間、彼は同時に重要な位置を占める政治家でもあった。七月王政期、ギゾー、ベリエ、トクヴィル〔いずれも当時の政治家〕らと並んで、ラマルティーヌは議会演壇の傑物、議会の偉大な雄弁家の一人であり、夜になればその演説は上流階級のサロンで話題になったものだ。ラマルティーヌはまた有名な歴史家でもある。一八四七年に、彼が書いた『ジロンド党史』は大評判となる。

重要なのは、ラマルティーヌが第二共和政〔一八四八―五二〕の創設者の一人、また彼が予言した一八四八年の二月革命の立役者の一人と考えられていることである。この同じ月の二十五日は、民衆に対する有名になった演説のなかで、彼は新体制の象徴として赤旗を退け、三色旗を国旗として採択させる。彼は臨時政府の一員として任命され、そこで外務大臣の地位に就く。彼は世界に平和宣言を発し、それは、彼自身の性格が象徴的に表している友愛精神を証明している。それによって、彼は外国の列強を安心させる。列強諸国は、第一共和政が示したような領土拡張政策を第二共和政が再開するのではないかと恐れていたのである。

三月、四月、五月までの三か月間に、ラマルティーヌの名声は頂点に達する。政治に取り組んだ詩人は、一八四八年の革命の精神を一身に体現している。そのことにより、第二共和政の創設者たちに向けられたすべての非難が、早くも彼という人間に集中する。このことが、十二月十日〔一八四八年〕に行なわれた共和国大統領選挙の際に彼が獲得した低い票数を説明している。この一八四八年に、ラマルティーヌは政界の流星だった。束の間の人気は地方にあまり及ばなかったが、それでも人々の記憶のなかに残った。彼はその後、穏健派共和政の象徴となった。翌年に影響力が増すことになる社会民主主義的な共和政ではない。

第三共和政の創設者とは異なり、ラマルティーヌが一九四九年になってもまだ忘れ去られていなかったのは、おそらく、政界の興奮と情熱にうまい具合に一致した彼の詩が、生き生きとした思い出を残していたことに由来する。これらの興奮と情熱は、一八四八年の最初の数か月を特徴づけ、第三共和政の困難な船出の際には見出されなかったものだ。しかし、これは推測の域を出ない。

五十年後、二〇〇〇年代初頭において、ヴィクトル・ユゴー★の人気とは逆にラマルティーヌの人気は崩れ去ってしまった。おそらく文学史の専門家たちに、彼の詩が長い間無視され、さらに低く評価されてきたことが原因だったのであろう。ボードレール、ランボー、マラルメ〔いずれも十九世紀後半の詩人〕の詩を耳にしていた人々によって、彼の詩はあまりにも味気なく、あまりにも十八世紀の詩に似ていると判断されたからである。フランス人の注意が最大限、社会問題に向けられた時、全員貴族出身であるロマン派の詩人たちの作品が相変わらず流行するのは難しかった、ということも付け加えておこう。とりわけ、高校や大学でほとんど教えられていない第二共和政史は、一般の人々にはもはや知られていない。最後に繰り返し言うが、一九四九年にラマルティーヌがこんなにも強い印象を残していたというのは、じつに驚くべきことである。

ナポレオン三世（一八〇八—七三）

政治家、皇帝。ナポレオン一世の甥にあたる。一八五一年のクーデタによって第二共和政を終焉させ、翌年皇帝となる。オスマンをセーヌ県知事に据えてパリ改造を断行し、一連の経済政策によってフランスに繁栄をもたらしたが、一八七〇年の普仏戦争でドイツに敗れ、第二帝政は崩壊した。

罵倒された後、今では英雄化されつつある過去の人物——本書においてナポレオン三世はこうしたかなり稀なケースを示している。長い間、教科書の中でナポレオン三世は暗いイメージで描かれてきた。わずか三十年ほど前のことになるが、ある組合の雑誌の中で、教師向けに出された模範課題は次のような題だった。「第二帝政がどのようにして破滅に至ったのかを示しなさい」。目的論的と呼ばれる歴史、つまり実際に生起したこととの関連で過去を再構成しようとする歴史の良い例である。したがって、フランス史の英雄に関する調査の中にナポレオン三世の名がないことは驚くに値しない。

この低い評価は共和主義的な教育の伝統において、ナポレオン三世のくるぶしに結びつけられた二つの足枷から生じていた。一八四八年十二月十日、第二共和政大統領に選出されたこの君主は、憲法に対する忠誠の宣誓を遵守しなかった。そして彼は一八五一年十二月二日のクーデタの張本人であった。男性全員に参政権をあらためて付与したことも、国民投票で大勝利を収めて、それがクーデタを大々的に追認することになったことも、彼の汚名を返上することはできなかった。さらに、クーデタの後に起きた反乱が流血で鎮圧されたからである。独裁体制の確立、議会制民主主義の終わり、国民投票（人民への呼びかけ）の実施は許しがたいものに思われた。第一帝政崩壊後三十八年も経って帝政を復活させようという考えもまた、認めがたいもののように思われた。

ナポレオン三世の英雄化を不可能にしていた二つ目の欠陥は、一八七〇年九月二日のスダンの敗北〔普仏戦争でのプロシアにたいする敗北〕と、皇帝が捕虜となったことである。恥ずべき状況の中で、このことは体制の崩壊につながった。それに加えて、共和主義者たちと教権支持者たちがともに「帝国の祝祭」〔ナポレオン三世時代の華美な享楽を示す表現〕を公然と批判していた。ナポレオン三世の治世は長い放蕩の治世と認識され、それは後悔あるいは少なくとも熟考を人々に要求するものだったのである。

要するに、ナポレオン三世に対する否定的評価は大部分道徳の領域であった。つまり、偽りの誓い、放蕩、恥辱。ところが、このような人物像がおおまかに描かれてから、歴史家たちは研究に励むようになった。学校にしても、もはや第三共和政の創設者たちが考えたような学校ではなくなった。ナポレオン信奉者党派の再編という、この政治体制にとっての脅威は消え去った。これらすべてのおかげで、ナポレオン三世という人物とその政治体制を落ち着いて解釈し直すことができる。新しい包括的な視点のせいで、ナポレオン三世に対するまったく否定的な評価を見直さざるをえなくなったのである。

道徳的な不評、つまり帝国の祝祭、放蕩、暗い伝説を引き起こした皇帝の多くの愛人に関係するすべてのことは、不発に終わった。人々の意見は反対に、チュイルリー宮殿の豪華絢爛さや――この宮殿を再建しようという考えは意義深い〔チュイルリー宮殿は一八七一年のパリ・コミューンで焼失〕――、家具の様式や、ドイツ皇帝ウィルヘルム二世〔一八五九―一九四一〕の宮廷のモデルとなった皇帝の宮廷に対して、ますます敏感になっている。かつては見つめないよう努めていた「第二帝政」時代の建造物の建築様式は、今や皆の賛美の的となる。オッフェンバック〔ドイツ出身のオペレッタ作曲家、一八一九―八〇〕の音楽は新たな人気を得る。ヴィシー〔フランス中部の温泉町で、皇帝夫妻が好んだ〕であろうともビアリッツ〔フランス南西部の港町〕であろうとも、第二帝政期にはかつて以上に、温泉町や海水浴場での生活が人々を魅了する。長い間忘れ去られていたウジェニー皇后は、再びスクリーンに登場する。彼女の美は、戴冠されたあらゆる女性の美に対するわれわれ現代人の関心と一致している。要するに、皇帝夫妻は時代に合った人物である。

しかし、これが最も重要な点ではない。歴史家たちはナポレオン三世の経済的な業績を見直した。つまり、道路や鉄道の基盤設備の迅速な建設、水路の整備、ときたま起こる飢饉に終止符を打った国内市場の設立、デパートの開設、諸外国との貿易振興などが強調されてきた。そして都市計画の成果、国内の主要都市が模倣することになるオスマン〔政治家・行政官、一八〇九―九一。第二帝政下セーヌ県知事としてパリの都市計画を遂行〕のパリ、地方に造成された数十におよぶ広大ですばらしい公園、フォンテーヌブロー〔パリの南およそ五〇キロに位置する町〕の森に対してなされた政策が示しているような、自然景観の保護政策の始まりが――これらは十八年足らずの間にすべて実現した――、異例で、迅速で、かつ首尾一貫した成果として現れ始めた。今日のパリの町は、ナポレオン三世とオスマンの計画によって造られたことを誰もが自覚するようになった。こうして万国博覧会、とりわけ一八六七年の博覧会の際に、群衆の時代が始まる。体制崩壊の一年前、ウジェニー皇后の出席のもとで行なわれたスエズ運河の開通式は、第二帝政のこうした幸福な一面を象徴している。

歴史家たちは第二帝政時代の社会政策や――たとえば一八六四年のストライキ権の付与――、教育政策にも強い関心を寄せた。長い間ジュール・フェリー〔政治家、一八三二―九三。第三共和政下でパリ市長、教育相、首相を歴任〕と第三共和政のおかげであるとみなされてきたフランス人の識字教育の発展は、第二帝政の最後の時期にまで遡る。体制末期における自由帝国の創設、一八六九年の国民議会議員選挙の投票がかなり自由な状況の中で実施されたこと、そしてとりわけ一八七〇年五月に行なわれ、共和主義者たちの不安を煽った最後の国民投票〔議会帝政が承認された〕の大成功は、以前よりも客観的に、かつ道徳的な公平さをもって体制の政治的変化を考察するよう促している。

次に、これらの改革に参加した人間について論じることにしよう。ナポレオン一世★の甥で、オランダ王ルイ・ボナパルトとその妻であるオルタンス王妃の息子であるナポレオン三世は、国際的な教育を受けた。スイス、ドイツ、イタリア、そして特にイギリスで暮らしたことで、ヨーロッパとその多様な言語を知っている。ストラスブールで起こしたクーデタ〔一八三六年〕が失敗に終わった後、ブラジルとアメリカに滞在する。ナポレオン三世は彼なりに教養のある人物で、ガロ＝ロマン時代の歴史に関しては知識が豊富である。『カエサルの生涯』と題する彼の書物は海外ではたいへん評価されたもので、その執筆には、言われている以上に彼自身が携わった。

アム〔北仏、ソンム川沿いの町〕の砦に六年間幽閉された（一八四〇―四六）ルイ＝ナポレオンは、自らに自由で社会的イメージを作り出すため、この幽閉を利用した。この点で、ナポレオン一世★が終わったところから彼は始めたことになる。彼の拘留、いわば彼なりのセント＝ヘレナ島は、権力に到達する前の出来事であった。彼の書物『ナポレオン思想』は、後の皇帝を理解したいと思っている人々の必携の書となっている。

さらに、最近ではナポレオン三世の他のいくつかの面が強調されてきている。庶民の前で自らの存在を巧みに演出したこと、彼にとって国民投票が有していた本質的な意味、自分の運勢に対する信頼、他の何人もの君主のように自分の権力の象徴を作り出すように注意を注いだこと、などである。これらすべての領域で、われわれは徐々に彼の思想の独創性に気づく。この思想はナポレオン一世★の考えから遠ざかっているし、彼は予想されたよりもはるかにナポレオン一世★を称賛しなかった。

一八五六年、イギリスと共にロシアに対して繰り広げられたクリミア戦争を終結に導いたパリ会議は、かつてフランスにとって悲惨な仕方でナポレオン戦争を締めくくったウィーン会議の復讐のように見えた。ナポレオン三世はとりわけイタリアで民族主義者としての役割を演じ、そのことにより、一八五九年オーストリアと戦争で勝利を収めるに至った。他方、彼の主導のもとに行なわれたいくつかの行動はあまりうまくいかなかった。果敢なメキシコ遠征は、アメリカ大陸でアメリカ合衆国の勢力と拮抗しうるようなラテン帝国を創設する目的があったが、結局は失敗に終わった。さらに重大な過ちは、一八七〇年七月にプロシアとの戦争に突入したことである。その結果、統治期間の末期にフランスはアルザス地方とロレーヌ地方の一部を失うことになるのだが、その十年前には、フランスはサヴォワ地方とニース伯爵領を獲得していた。それは、これらの地方の住人に判断を仰いだ後のことであった。

君は理解したと思うが、ナポレオン三世とその治世に関する歴史叙述は大きく変化している。まるで長い間の目隠しが突然取り外されたかのようであり、それによって、皇帝とその体制に新たな視線を向けることができるようになったのだ。

143　ナポレオン三世（1808—73）

ヴィクトル・ユゴー（一八〇二―一八八五）

作家、政治家。『レ・ミゼラブル』の作者として知られる。若くして詩人としての名声を確立した。第二帝政時代は英仏海峡のガーンジー島に亡命、帝政崩壊後フランスに戻った後は、共和政の精神的支柱の一人となった。その死に際して、国葬がうやうやしく執り行なわれた。

君にとっては何よりも作家であるヴィクトル・ユゴーを、なぜフランス史における英雄と見なすのかと君は尋ねた。答えは以下のとおりである。一八八二年、ユゴーの八十歳の誕生日や、一八八五年、彼の葬儀の際に群衆は彼を英雄と讃えたからだ。そして最近のものを含めて世論調査を読む限り、ユゴーは今でも英雄と見なされているからだ。他方、同じ世論調査ではラマルティーヌ★の栄光の衰退が記録されている。

人々の記憶に残るヴィクトル・ユゴーの運命はどこに由来しているのであろうか。おそらく、彼の最初の四十六年間の生涯から生まれてくるものではなさそうである。そもそも、君も気づいたことだろうが、われわれが讃えるユゴーの肖像画はほとんど常に、豊かな灰色の顎ひげをたくわえた顔の老人として描かれている。一八四八年の四月と五月の国民議会の選挙まで、ヴィクトル・ユゴーは名高い詩人として見られていた。彼はフランスにおけるロマン主義運動において大きな役割を果たした人物である。劇作家でもあり、この当時、それは詩集を刊行するよりも重要なことであった。二十八歳（一八三〇年）の若さで、『エルナニ』（ロマン主義文学の勝利を決定づけたユゴーの戯曲）の戦いは彼の重要性を示したのであった。初期の小説の一つである『ノートル＝ダム・ド・パリ』は大成功を収めた。彼の政治思想は変化していった。ヴィクトル・ユゴーは、王政復古そして七月王政を支持したのである。一八四八年の二月革命の真っ只中には、オルレアン公爵夫人の擁護者として現れる。このことは、フランス史における英雄や偉人を作り出すわけではない。

一八五一年十二月二日のクーデタで国民議会議員として抵抗を示し、そしてさらに、その後パリを血に染めた反乱に参加することで、彼のイメージを変える最初の二つの偉業がなされた。抵抗したことで、ユゴーは国外追放を強いられる。それ以来ヴィクトル・ユゴーは、共和国の完璧な擁護者の立場をとる。しかしながら、脅かされた体制を救うため身を賭して行なったこの束の間の政治参加は、彼の長い人生の中で見られるこの種の唯一の偉業にすぎず、彼の栄光を確立するにはおそらく十分ではなかったであろう。彼と同じように有名で、おそらくより熱烈な他の亡命者も存在していたからである。

何年かの間、ヴィクトル・ユゴーは試行錯誤する。彼に見合った亡命地を見つけられなかった。最終的に、英仏海峡にある諸島の中にその場所を見出す。彼はガーンジー島の「オートヴィル・ハウス」と名付けた美しい住まいに移り、人生最後の日までこの場所に愛着を持ち続ける。この場所ではプロメテウス的な立場を取り入れることができ、これは暗にセント＝ヘレナ島の捕虜〔ナポレオン〕の立場に言及している。彼は専制君主の犠牲者、そして権力に屈しない人間となる。一八五九年に与えられた恩赦を拒否し、それが英雄的態度の輪郭を完成させる。「もし一人しか残らないのであれば、私がその一人になろう！」〔ユゴーの詩集『懲罰詩集』（一八五三）所収の詩「結語」の最後の一行〕と彼は宣言した。

イギリスよりもフランスに近く、フランス語が話される模範的な島の選定は、いろいろ考慮された効果的な位置の選定でもある。この島は人々の関心を引き、それを保ち続けることができる。ガーンジー島からヴィクトル・ユゴーはフランス、さらにそれを超えて他の国々に訴えかけることができる。しかも英仏海峡の波は、人間＝大洋〔ユゴーのこと〕の言葉に宇宙的な重要性をもたらし、その影響を増幅させる。これらのメッセージは、政治的な誹謗文書や詩であり、「小ナポレオン」〔ナポレオン三世★を指す〕を標的とし、彼を攻撃することになる『懲罰詩集』を予告している。ヴィクトル・ユゴーは、クーデタとそれから生まれた体制を批判し続け、帝政を軽蔑した主要な人物の一人である。

さらに重要なことがある。彼は、人類の未来である共和国の預言者、その賛美者になった。同じ時期に、ロマン主義作家として貧しい人々や犠牲者を称賛する。たとえば『レ・ミゼラブル』に出てくる娼婦のファンティーヌ、『笑う男』に出てくる顔の歪んだグインプレーンや、盲目の女デアなどである。彼はまた、社会の底辺に生まれ、アイデンティティが欠落しているものの愛を知っている人々の運命を描く。『レ・ミゼラブル』に登場するジャン・ヴァルジャンや、共和国が勝利した後の『海に働く人々』に登場するジリアットなどがそれに当たる。

帝政崩壊後、ヴィクトル・ユゴーはパリに戻り、自らの像を描き終える。おそらく数多くの政治的演説よりも、さまざまな大義のためにとった立場決定のほうが当時としては重要視される。すでに青年時代から、彼は死刑に反対であると明言していた。

ユゴーの国葬（1885 年）。柩は一時、凱旋門の下に安置された。

それ以来ヴィクトル・ユゴーは、共和国とその勝利の象徴としてパリでも地方でも群衆に認められ、体制を実際に作り上げた人々の座を奪うのである。一八八二年、彼の八十歳の誕生日に際しては、六十万人ものパリの人たちが窓の下で歓呼の声で祝った。その三年後の一八八五年五月二十二日、数えられる限りでも百万人以上の人々が彼の葬儀の道筋に立ち、あるいは葬列に付き従った。歴史家の中には、この日を第三共和政の勝利の象徴と見なす人もいる。それはまさに行列だったわけだが、この葬列はエトワール広場からパンテオンまで続いた。このパンテオンまで、ヴィクトル・ユゴーの遺骸は貧しい人々が用いる霊柩馬車で運ばれたのであった。

ガンベッタ（一八三八―一八八二）

雄弁で知られた政治家。普仏戦争でフランスが敗れた後、共和政の成立に大きな役割を果たす。臨時国防政府の一員として、プロシアへの抗戦を主張。共和国が安定するとその人気は絶大なものになったが、銃の暴発自己で不慮の死を遂げた。

ガンベッタ以上に称賛されてきた英雄はおそらくいないであろう。パリの二十区に住んでいる君ならよく知っていることでしょう、彼がこの区から選出された議員だったことを。君の家から一〇〇メートル先に、彼の名前がついている区役所の広場があり、二〇〇メートル先に、ガンベッタ中学校がある。そのすぐ近くの小公園に彼の像がそびえ立ち、そして毎日、君はガンベッタ大通りを歩き回り、同じ名前の地下鉄の駅に吸い込まれる。さらに彼の彫像は十九世紀に数多く設置されたが、その後撤去されて熔かされたことを忘れてはならない。したがって、カオール〔南仏の町〕出身のこの移民家系の息子の栄光は輝かしかった。彼の死の間際、この栄光があまりにも大きかったため、当時の共和国大統領ジュール・グレヴィ〔一八〇七―九一〕は公務出張を増やすのを断念したほどだった。確かに彼がガンベッタと一緒に公務出張で移動すると、民衆はまずガンベッタを歓呼の声で迎えるのであった。彼がグレヴィの嫉妬を引き起こし、できる限り権力から遠ざけられたことは理解できる。

この栄光がガンベッタという人物の二つの側面から生じていることを、私はこれから順を追って説明していく。ガンベッタは、第三共和政の創設者の中で最も卓越した人物として称揚されている。この新しい体制の初期の特性を規定した主要な人物であった。つまり、穏健で「日和見主義的」、反教権的で、かつ植民地主義を標榜する共和国という特性である。すでに帝政末期から、ガンベッタは野党共和派のリーダーとして振る舞っていた。天性の雄弁家であり、非常に才能ある弁護士ということでこの地位を獲得したのである。とりわけ一八六八年に、共和派の新聞記者ドレクリューズ〔ジャーナリスト、政治家、一八〇九―七一〕を弁護する際に、その秀でた才能を発揮した。翌年、立法院選挙に立候補した際に提案したベルヴィル綱領は、すぐに共和派のマニフェストとなった。この選挙に勝利したガンベッタは、その時からこの議会において少数共和派の指導者として現れる。したがって、一八七〇年五月にナポレオン三世★が国民投票で大勝利を収めた際、彼はひどく落胆した。共和主義者たちに、帝政はかつてないほど強いと言わせる結果となった。

スダンの敗北の知らせを受け（一八七〇年九月二日）、ガンベッタは体制崩壊の主要な立役者の一人となる。九月四日、彼がパリ市庁舎で共和国を歓呼の声で迎えさせるのである。しかし一八七一年の三月から五月にかけて、パリ・コミューンの蜂起に対して彼は距離を置く。そのため、以前では見られることがなかった穏健派という評判をとるようになった。彼が参加していないパリ・コミューンの鎮圧の後、常に王党派さらにボナパルト派の脅威にさらされながら、共和国政府の宣伝担当者となる。人々を説得するために、彼は自らの言葉の威信を頼りにする。彼は田舎の住人、そして何よりも彼が「新しい階層」と呼び、現代のわれわれなら「小市民階級」と名付ける人々を集結させようと努める。

一八七六年と一八七七年の選挙の際、ガンベッタは共和派の勝利の主要な立役者の一人である。議会では断固として反教権主義者であり、植民地拡張政策の支持者だった。この政策は彼の死後、

1870 年、ドイツ軍に包囲されたパリを気球で脱出するガンベッタ。

ジュール・フェリー〔政治家で首相を務めた。一八三二―九三〕が遂行することになる。一八八一年十一月十四日、ようやく彼は政府の首班となるが、当時「偉大なる内閣」と名づけられたこの内閣は短命に終わった。ガンベッタは権力の座に居座るには、あまりに人々の嫉妬を買っていた。一八八二年十一月二十七日、四十四歳の時、銃を掃除している最中の暴発事故で彼は死去する。少なくともそれが公式報告である。

いずれにしても、死後の彼の絶大な人気は大部分、一八七〇―七一年の戦争の間に秀でた役割を果たしたことから生じている。このことに話を戻さなければならない。一八七〇年八月と九月、帝国軍隊が敗北した後パリは包囲される。帝政崩壊の直後に成立した臨時国防政府の一員となったガンベッタは気球でパリを離れ、トゥールに赴く。政府代表団の中心人物として、彼は敵に対し戦争の指揮を執る。

それ以後、ガンベッタは一八七一年一月の休戦協定の直後まで、戦いを続行したい、またフランスの敗北を認めない者として姿を見せる。トゥールでは真の独裁者として振る舞い、集団のまとめ役として偉大なる才能を発揮する。フェデルブ〔将軍、セネガル総督、一八一八―八九〕の指揮のもとで配置されている北軍、ブルバキ〔将軍、一八一六―九七〕によって率いられる東軍、そしてとりわけ西部のロワール川沿いに、シャンジー将軍〔一八二三―八三〕の指揮のもとで配置されている軍を、ガンベッタは支援した。このロワール軍は初めいくつか勝利を収めた後に、ル・マン、さらにラヴァルの方へ退却していった。共和国軍は一部「遊撃兵」で構成され、この遊撃兵が後にガンベッタの名声を維持することになる。

北部、東部そして西部で、早々に敗戦は続く。国防政府軍が包囲されたパリを援護することができなくなったことが、明らかになる。休戦協定の直後に行なわれた国民議会選挙の際、ガンベッタは徹底的に戦い抜くという立場をとっていた。彼の意見に賛同する有権者はあまりいなかった。アドルフ・ティエール〔政治家、歴史家、一七九七―一八七七〕の時代がやってきた。繰り返し述べておくが、一八八二年の死後ガンベッタの栄光は何よりもまず、一七九二―九四年に活躍した革命派の暗黙の手本を真似た国を守る人物のイメージに立脚する、と考えられる。

フランス人の記憶の中で、ガンベッタが相対的に忘却されていったのはどのような理由からだろうか。一九〇六年に『プチ・パリジャン』紙が行なったアンケートは、彼の栄光が保持されていたことを示しているが、このアンケートを信じるならば、この忘却は彼の死後ずいぶん時間が経ってからのことになる。多くの威光の象徴が遍在しているにもかかわらず二十世紀に生じた彼に対する記憶の薄れは、第三共和政の創設者である世代全員に関係するものだ。ジュール・フェリーの教育政策の威光がなければ、いったい誰が今でも尊敬の念をもって、フェリー、ジュール・ファーヴル〔政治家、弁護士、一八〇九―八〇〕、ジュール・シモン〔政治家、一八一四―九六〕、ジュール・グレヴィ〔政治家、一八〇七―九一〕を思い出すであろうか。

第三共和政の栄光に貢献した人物たち。ガンベッタ（左上）のほかにユゴー★、ジュール・フェリー、パストゥール★らの肖像が描かれている。

よく考えてみれば、ド・ゴール★を除いて、第三・第四共和政のどの指導者も——第五共和政はわれわれからあまりにも近い時代なので、話さずにおくが——、フランス人の記憶の中で偉人としての地位を永続的に享受しなかった。まるで百年ほど前から、政治の領域では永続的に賛美される人物を追い求めなくなってしまったかのようである。彼と同世代のすべての人々と同様に、ガンベッタはさらに戦争の敗北や、パリ・コミューンの心的外傷や、今では時代遅れと見なされる反教権主義的な争いや、非宗教的な道徳とその価値の失墜によって声価が下がった。

第一次世界大戦の衝撃は、これら共和政の創設者たちをたちまち老いぼれで「うんざりさせる」連中にしてしまう。十九世紀末に共和国は勝利を収めてしまったのであり、闘いは今や他のところで繰り広げられているのだ。その闘いとはもはや彼らの世代の闘いではなく、社会問題に関係した闘いにほかならない。急進主義者や社会主義者たちは、ガンベッタのことを「日和見主義者」であるとか、穏健派であるとか言って忘れようとしている。急進主義や社会主義の支持者たちによれば、十九世紀末の偉人とは今後ジョレス★とクレマンソー★である。

ルイ・パストゥール（一八二二—九五）

化学者。一八六七年ソルボンヌ大学の化学教授に就任し、微生物学の発展に寄与。腐敗や醗酵のメカニズムを解明して、衛生管理の方法を確立した。さらに炭疽病や狂犬病の研究をつうじて、伝染病予防の領域でも大きな足跡を残した。

一九〇六年に、『プチ・パリジャン』紙は、十九世紀に生きた最も高名なフランス人は誰かと読者に尋ねている。パストゥールは、ユゴー★、ガンベッタ★、ナポレオンと共に一覧表のトップに来ている。つまりこの当時、彼の栄光ははかり知れないものがあったということだ。彼は啓蒙時代の偉人のモデルにふさわしい、人類の恩人としての学者という役割を一身に体現していたのである。パストゥールは、実際に重要な発見をもたらした。しかしながら、科学の全体的な歴史の中にこれらの発見を組み入れなければならない。「パストゥール革命」と呼ばれたものは、パストゥールの偉大な貢献がなされる前にすでに始まっていた、ゆっくりしたプロセスである。医学史において、人から人へ移る伝染病という考え方が、病原菌が体内に入ることによる感染症という考え方に対して、困難に遭いながらも徐々に優勢になっていったこと、また生物学史においては、自然発生説〔生命は自然に発生するという説〕への信頼が低下したことにより、このプロセスは始まった。

しかし、これがきわめて重要なことであるが、パストゥールは医者ではなく、化学者であり、大学の化学教授だった。したがって、彼は知と医学実践の領域における実験室と分析の重要性を説いた。他方でパストゥールには、自らの発見を際立たせた非常に重要な実験を巧みに演出するセンスがあったことを認めざるをえない。それが彼の人気に大いに役立ったのである。したがって、最も威信の高い機関が彼を認めたことは驚くに値しない。パストゥールは一八六二年に科学アカデミーの、一八八一年にアカデミー・フランセーズの一員になる。

彼の絶大な人気は、彼による発見が一八八〇年代に急速に発展した衛生上の実践を伴っていたことからも生じている。一八八〇年代とは、微生物の正体が明らかになった後の十年間である。パストゥール流の衛生管理が、多くの学校に素早く普及した。先生たちは、生徒の顔、手、服、そして教育備品の清潔さを検査し始めた。パストゥールのおかげで成し遂げられた衛生革命は、手術の場でも定着した。消毒法、そしてとりわけ無菌法の確立は、傷の手当ての技術や外科器具の使用法を変えた。パストゥールは医者ではなかったが、このようにして自らの発見により医師団の社会的地位の向上を促した。二十世紀初頭、パストゥールによる衛生革命は、少なくとも理論上ではあるが作業場や工場で効果を発揮し始めた。一九〇二年に議決された重要な衛生法がそのことを示している。

パストゥールの栄光は、おそらく彼による衛生革命によって可能になった大きな希望、未来の人類がすべての伝染病をいつか根絶するであろうという希望から生まれている。この大きな夢は、一九八〇年代初頭エイズの出現まで長く続いた。このことは、パストゥールが常にフランス史における偉人の一人と見なされてきたことを説明するのに十分であろう。

一八八八年にパストゥール研究所、その後に系列研究所が創設されたことは、この学者の名声に寄与した。これらの研究所では、基礎研究、教育、分析の実践、薬品製造がただちに結びついただけに、とりわけそう言える。

「人類の恩人」と呼ばれたパストゥール

これは本来の科学史に属し、君は科学をよく知っているから、パストゥールの科学的業績の軌跡についてはごく簡潔に辿ることにしよう。一八五四年にワインと酢に関する研究をした際、彼はまず酵母と発酵作用の研究から始めた。これが低温殺菌法の発見へとつながったのである。摂氏五十五度で素早く加熱することによって、酸素を必要としない嫌気性酵母を破壊できるのである。この発見によって、哺乳瓶の使用方法が変わった。この発見は、農産物加工業の領域においてきわめて重要であることが明らかになった。

このことが、微生物とその病原的な役割の研究の前ぶれとなった。この観点からパストゥールは蚕の病気、羊の炭疽病、雌鶏のコレラを研究し、微生物の存在を認知させた。パストゥールによる革命は、自然発生説の支持者を敗北させ、繰り返し言うが、消毒法と無菌法の実践に道を拓いた。パストゥールの経歴は、予防接種の研究で頂点に達する。一八八五年、若いジョゼフ・マイスターが狂犬病にかかり、パストゥールによって救われた様子が大々的に演出され、それがたちまち挿絵になって学校の教科書にまで及んだ。

パストゥールの栄光が保たれていることは、容易に説明がつく。人間の一連の活動領域に彼の諸発見が応用された例は、それくらい多いということだ。しかも、病原体の捉え方の激変は、様々な領域で発生する病気と、その病気から身を守る方法に関する考え方を全体的に刷新した。パストゥール研究所の成果が維持されていることもまた、この学者の栄光に花を添えた。さらに一八九五年、パストゥールは国葬に値する偉大なる愛国者とされたのである。

ジャン・ジョレス（一八五九―一九一四）

政治家、歴史家。若い頃には教員を務め、フランス革命史を著わした歴史家でもあった。政界に身を投じた後は、『ユマニテ』紙を創刊し、社会主義の理論家として重きをなす。平和主義を唱えた彼は、第一次世界大戦直前にパリで暗殺された。

ジャン・ジョレスはフランス史の英雄であり続けているが、それは限られた社会的、政治的、イデオロギー的集団の内部においてである。一九四九年にフランス世論研究所によって行なわれた世論調査が、そのことを明らかにしている。この調査によると、彼は左派人間によってフランス史における英雄と見なされている。一九二四年、ジョレスは確かにパンテオンに祀られたが、それは左翼連合が選挙で勝利を収めた直後のことであった。

彼の存在感を正当化する要素は多様である。ジョレスは知識人であり、それは十九世紀末においてとりわけ貴重なことだ。高等師範学校に主席で入学し、一八八一年に哲学の上級教員資格を取り、形而上学に関する博士論文を書いた。ジョレスはまず高校で教鞭をとり、その後トゥールーズ大学の講師となる。『社会主義的フランス革命史』が示しているように、晩年の彼は偉大な歴史家でもあった。以上のことから、ジョレスは自らが属している教養あるエリート層の中においてさえ、軽蔑すべき人間とは見なされえないだろう。

彼は理論家であり、三十三歳で遅ればせながら転向した社会主義の思想家でもある。マルクス主義でも、無政府主義（反国家主義）でもない彼の思想は斬新である。ジョレスは、当時の国家主義者のそれとは非常にかけ離れた愛国心に突き動かされる。彼の思想の深遠さは、愛国心と人類愛を融合させるに至る。彼にとって、ヒューマニズムを基底とする社会主義者は最良の愛国者である。第三共和政の諸価値に対する彼の執着は絶対的なものであった。ジョレスは、たちまち熱烈なドレフュス派になった。

それでもやはり世論によれば、言葉の威信が絶大だった時代に、ジョレスがまず何よりも偉大な雄弁家として現われることは確かだ。たとえばプレ＝サン＝ジェルヴェで開催されたような政治集会の際、彼の話を聞こうと群衆がこぞって詰めかけた。議会における論戦、とりわけクレマンソー★との論戦は大きな反響を呼ぶ。ジョレスは重要な新聞発行人でもある。一九〇四年の『ユマニテ』紙の創刊で、彼の果たした役割が重要であったことは明らかである。

この演説家は戦闘的な政治家である。彼はカルモー〔南仏の町で、かつて炭鉱で栄えた〕で積極的に活動し、一八九三年から中断を挟みつつ、この町の下院議員である。鉱夫が労働者階級の、つまり経営陣によって搾取されている階級の最も強い象徴をなしているこの時代に、この選挙区はとりわけ重要性をおびる。

紆余曲折の末に一九〇五年、ジョレスは社会主義労働者インターナショナル・フランス支部（ＳＦＩＯ）、つまり統一社会主義の指導者になる。最後にジョレスは、武力崇拝を嫌う平和主義者である。そのせいで戦争〔第一次世界大戦〕の直前、パリのクロワッサン通りにあるカフェの中で暗殺されてしまうはめになった。他方、社会主義者たちは敵のドイツに対して神聖同盟に集結しようとしていた。

たとえジョレスが一度も権力の座に就かなかったとしても、彼の切り札は、フランス史の偉人の一覧表に載るぐらい多かった。さらに、ずんぐりしていて小柄な体型や、中産階級の出身であったにもかかわらず農民風の体型や、もじゃもじゃの顎ひげや、雄弁なしぐさが人々の記憶に残った。

しかしながら、ジョレスが死後長い間、フランス史において誰もが認める英雄と見なされえなかったことは言うまでもない。彼の思い出は、彼の政治的立場からほど遠い者たち、つまり当時の、あるいは戦後の国家主義者たちからは好まれなかった。暗殺される日まで彼が平和主義的信条を完全に貫いたかどうか明らかではないが、彼が自らの平和主義的信条の犠牲者だったということは、一九一四―一八年の愛国的な高揚の中で、そして勝利の直後に選出された「軍服議会《オリゾン・ブルー》」〔オリゾン・ブルーは第一次世界大戦時のフランス軍の軍服の色〕において、その意義を大きく失った。いずれにせよジョレスは人々の記憶の中で、フランス社会主義の最も重要な人物であり続ける。二つの異なる共和政のもとで、何度も首相を務めたレオン・ブルム〔政治家、作家、一八七二―一九五〇〕だけが、ジョレスとこの地位を競うことができるだろう。

しかし、二〇〇七年にニコラ・サルコジ〔右派の政治家で、二〇〇七―二〇一二年のフランス大統領〕の有名な演説が示しているように、右派がジョレスの偉大さに気づき始める。大統領候補者の言葉によって事実上承認されたのは、ジョレスがフランスの偉人たちの一人として皆から認知されたということ、そして彼が体現していた価値観の有効性である。まるで党派心に染まった戦いを超えて、今やその価値観が共和国の道徳的遺産の一部になったかのようである。要するに、人々の記憶に残るジョレスの地位は不確かなままである。

クレマンソー（一八四一―一九二九）

ジャーナリスト、政治家で「虎」という異名をとった。急進的ジャーナリストとしていくつかの新聞を創刊し、世論に大きな影響を与えた。二度首相を務め、第一次世界大戦終結後は、ヴェルサイユ条約締結において主導的な役割を演じ、対ドイツ強硬路線を主張した。

「虎」とか「勝利の父」と呼ばれたクレマンソーは、一九一八年十一月十一日、第一次世界大戦の休戦協定を締結した直後、大いに人気を博した。彼の栄光は兵士の英雄性と、フランス国民の揺るぎない抵抗を象徴していた。しかし当時彼は、第二帝政末期に開始された長い政治生命の最後の時期にいた。一九一七年クレマンソーが首相になった時、このヴァンデ県出身の医師は半世紀にわたって政治的役割を果たしていた。この活動の息の長さが、フランス史における英雄の地位を作り上げたのであろうか。もちろん、そうではない。したがって彼の業績に長々とこだわり、詳細に語ることはふさわしくないが、クレマンソーが引き起こすことになった怨恨の渦を理解するには、簡潔に述べておく必要があるだろう。

さまざまな政治的立場をとり、それが時には彼に相反するイメージをもたらした中で、この急進派の政治家は何度も繰り返し、世論に一時的に大きな影響を与えた。毅然とした反教権主義者であるクレマンソーは、非常に早くから教会と国家の分離の支持者であることを示した。その急進主義的な考えゆえに、ジュール・フェリーの植民地政策に反対した。パナマ疑獄〔パナマ運河建設をめぐるフランスの政財界の汚職事件、一八九三年〕では危うい時もあったが、彼はドレフュス事件〔ユダヤ人将校ドレフュスをめぐる冤罪事件で、フランスの国論を二分した〕の際に重要な役割を取り戻した。彼の新聞『オーロール』の一八九八年一月十二日付け号に、ゾラは「われ弾劾す」と題された記事を発表したが、この題は、断固たるドレフュス擁護派だったクレマンソーがゾラに耳打ちしたものであったとされる。しかし、十年後クレマンソーが首相になった際、スト破りの独裁者として現われるのであった。このような行為によって、彼が穏健派や、教権主義者や、社会主義者の中の多くの人々の支持を失ってしまったことは理解できる。不屈の決闘好きで――彼は少なくとも二十二回決闘したと言われる――このことによって、彼は新聞記者たちからひどく恐れられていた。

この老人が――クレマンソーは当時すでに七十六歳になっていた――、一九一七年十一月十六日フランス政府のトップに立つことになる。それは士気の欠如が戦士と銃後に影響を及ぼしつつあった第一次世界大戦の最後の年に、権力を行使するためである。戦争の指導ぶりのおかげで、彼は国内で偉大なる栄光と、口髭の形からつけられた「虎」という異名を得た。

生涯で愛国精神があまりなかったとしばしば非難されたクレマンソーは、この年には祖国愛と、とりわけゆるぎなき毅然たる態度で国を守ろうという意志を一身に体現した。彼の当初の綱領がそれをはっきり示唆しており、それは次のような明確な言葉で規定されている。「内政面で私は戦う。外交面で私は戦う」。この断固たる好戦的態度は、第一共和政の山岳派議員たちの態度に呼応し、ガンベッタ★が示した気力と決意につながるものだ。

一九一八年の春ドイツ軍による最後の大攻撃により、パリ近郊までが危機状態に陥る。六月二日、状況はほとんど絶望的だったが、「第二次マルヌ会戦」と名付けられた作戦によって敵を追い返した。クレマンソーは悲観論に反駁し、あらゆる妥協を拒否する。彼は塹壕を訪れる。その際、彼の姿が

「ポワリュ」〔第一次世界大戦に加わったフランス軍兵士〕の姿と一体化し、それが彼の人気を高めた。塹壕を訪れた彼の姿は人々の記憶に刻み込まれることになる。クレマンソーは連合軍の連携工作を支援し、休戦協定までフォッシュ★〔元帥で第一次世界大戦の功労者、一八五一―一九二九〕を無条件に支持する。

一九一九年の間に、「勝利の父」にとって平和もまた勝ち取らなければならなかった。そしてこれはたいへん難しいことが明らかになった。クレマンソーはウィルソン大統領〔アメリカの第二十八代大統領、在位一九一三―二一〕と意見が食い違っていたし、イギリス人のロイド・ジョージ〔イギリスの首相、在位一九一六―二二〕とイタリア人のオルランド〔イタリアの首相、在位一九一七―一九〕と妥協の場を見つけ出さなければならなかった。もっともオルランドは和平会議の議論ではほとんど重きをなさなかったが。クレマンソーの生涯において最も輝かしい日は、ヴェルサイユ条約締結の日であり、それはヴェルサイユ宮殿にある鏡の間で行なわれた。そこはまさしく一八七一年に、ドイツ帝国が正式に生まれた場所でもある。この時、そしてそれ以前七月十四日の勝利行進の際に、クレマンソーの人気は比類もないほど高かった。その人気は、元兵士たちの範囲を超えたものである。

フランスは、彼をレーモン・ポアンカレ〔一八六〇―一九三四〕大統領の正当な後継者と見なしていた。しかし国会は彼を侮辱し、無名の、とはいえ今のところ有能な演説者であるポール・デシャネル〔一八五五―一九二二〕を選ぶ。クレマンソーは時の流れとともにあまりに多くの人々と張り合い、傷つけてきたので、勝てなかったのである。この失敗の直後、クレマンソーは七十九歳に近くなって政界から身を引く。彼の人生最後の九年間は本を書き、旅行をし、アメリカ合衆国で熱狂的な歓迎を受けた。彼の人気はかなり長い間続いた。彼の思い出を保持するため、ムイユロン＝アン＝パレ〔クレマンソーの故郷〕に博物館が開設された。彼は一九四八年の調査で、フランス人が会ってみたい過去の人物の中で第四位を占めていた。その後は、民間人、軍人を問わず第一次世界大戦の指導者世代と同じように、彼の名声は消え去っていった。クレマンソーはジョッフル〔軍人で、一九一五年フランス軍総司令官となる。一八五二―一九三一〕やフォッシュ★と同じ運命を辿った。彼は同じ波に飲み込まれたわけだが、この引き潮の原因について次に考えてみよう。

173　クレマンソー（1841―1929）

フォッシュ元帥（一八五一―一九二九）

陸軍元帥で、第一次世界大戦の英雄。ヴェルダンやソンムの会戦で攻撃的な戦術をとって成功し、すぐれた戦略家としての能力を示した。一九一八年には連合国軍最高司令官に任命され、フランスを勝利へと導いた。

フォッシュ元帥は一時期、第一次世界大戦の戦士たちの勇壮さと、連合軍の最終的勝利を同時に象徴していた。しかし彼は今日ほとんど忘れ去られた。少なくとも、彼に対するフランス人の尊敬の念は薄れてしまった。

一九二〇年代の初頭、フォッシュの偉大さは元兵士たちにとって議論の余地のないものだった。なぜか。一九一八年まで、彼は他の多くの偉大な将軍の中の一人にすぎなかった。一九一四年、彼は第二十軍団を指揮し、第一次マルヌ会戦の際に重要な役割を果たした。翌年、北方軍団の指揮を任され、そのためイギリス軍との綿密な連携が必要になった。このことは、彼の輝かしい軍歴を説明するのに重要なことである。二年後の一九一七年、彼は連合国軍総司令官に抜擢された。

一九一八年春、アメリカ軍は西部前線で大きな勢力をなしている。第二次マルヌ会戦と呼ばれるドイツ軍による最後の大攻撃が失敗した直後、連合国間の緊密な連携の必要性が感じられる。この領域における彼の経験と戦略家としての長所を踏まえれば、フォッシュの右に出る者はいない。四月十七日、彼は連合国軍最高司令官に任命される。

彼は六か月で名声を築き、それが徐々に絶大になっていく。それ以来フォッシュは世論調査で、連合国軍を一つにまとめあげた人、そして絶え間ない攻撃方法を編み出した人として登場してくる。この絶え間ない攻撃は軍隊によってなされたが、それまで軍隊はしばしば防衛戦を強いられていたのである。彼の戦略は、ありとあらゆる所で攻撃を仕掛けることであった。これによって、彼はありとあらゆる所で勝利を得たのであり、それが十一月十一日の休戦協定につながったのである。フォッシュによって繰り広げられた戦争は、ヴェルダンとソンムの会戦、つまり激烈であったが、比較的動かないで敵の「人的損失」を当てにする戦闘とは根本的に異なっていた。

一九一八年十一月十一日、勝者のフォッシュはフランスの軍事的優越性を象徴しており、その優越性はその後も数年間は否定しがたいものだった。一九一九年、パリでもロンドンでも戦勝記念祭で彼は上位の位置を占めたが、それも驚くことではなかった。一九一八年からフランスの元帥になったが、その後イギリスとポーランドの元帥にもなった。早くも一九〇三年に軍事理論書を書いていた彼は、アカデミーの一員となる〔一九一八年〕。現在パリで最も美しく、最も名高い大通りの一つが彼の名になっている。それなのになぜ、君は学校で彼の話を聞かなかったのだろうか。

いくつかの仮説が、この限定された不評を説明してくれる。一つは、戦後間もない時期に関連している。一九一九年にフォッシュは、すでに六十八歳の老人である。ヴェルサイユ条約はドイツ軍の脅威からフランスを十分に守ることができないとして反対した彼は、条約に調印するのを拒否した。その後の数年間フォッシュは消え去る。つまり政界には足を踏み入れなくなったのである。たとえばペタン★と比較すると、彼は栄光の場から徐々に遠ざけられ、一九二九年、七十八歳で死去する。

一九五〇年代から人々の記憶の中でフォッシュが消えていったのには、おそらくもっと深い理由があったからであろう。一九一四―一八年の戦争が忘れ去られたのだ、と言って引き合いに出すことはできない。雑誌、テレビ、映画は絶えずこの戦争の挿話をくどくど繰り返しているのだから。しかし英雄を作り上げる過程はそれ以降、兵士、苦悩する「ポワリュ」、無名戦士の死など要するに犠牲者に関わるものであって、勝利した将軍や職業軍人に関わるものではない。理論家、戦略家であり、ジョッフルと同じく理工科大学校の卒業生であり、陸軍学校の教師だったフォッシュは忘れられた。一九〇三年に、戦争の指揮について彼が書いた書物も、彼が攻撃戦の実践家であり、統率力のある人間だったことも忘れられた。一九一四―一八年の戦いを指揮したすべての老将軍と同じく、フォッシュもまた肉体的なリスクや苦痛を免れていたと思われたからだ。

とりわけ、これはフランス的現象で、世界中どこでもそうだというわけではないようだが、戦争に勝利する文化の価値低下が、軍事的勝利をもたらした偉大な将軍たちの記憶が薄れていく方向に作用した。今では失望、後遺症、そして戦後の「トラウマ」に関心が寄せられているので、それと比較すればよく理解できよう。

勝利した連合国軍によるさまざまな祝賀行事の主催者だったフォッシュに言えることは、やはり元帥に叙せられたジョッフルやガリエーニにも当てはまる。後述するように、ペタン★の場合は違っていた。ジョッフル元帥はマルヌ会戦の勝者であり、伝説となるほど沈着冷静で頑健な救世主であり、戦いが最もすさまじい時でさえ夜十時間も眠れた人物だったが、一九一八年にはすでに色褪せた星のような存在にすぎなかった。批判の的となった彼は、一九一七年にはフランス軍の指揮をやめていたのである。

リヨテ元帥（一八五四―一九三四）

軍人、植民地行政官。インドシナ、マダガスカル、モロッコなどフランス植民地の経営で手腕を発揮した。第一次世界大戦中の一九一六―一七年には、陸軍大臣を務めた。

リヨテ元帥には栄光の時期があった。一九三一年にヴァンセンヌの森で開催された植民地博覧会の際、大舞台から消え去っていたにもかかわらず、リヨテは植民地における偉大なる軍人としての典型をなしていた。ジュール・フェリーがフランスの拡張政策を推進して以降、植民地化政策に認められていた諸価値を、リヨテは生涯を通じて一身に体現しようと努めたからである。さらにリヨテの経歴は、植民地化の企てを特徴づけた非人間性や、残忍な暴力で汚れていなかった。共和政は、リヨテのことを最も明白な英雄の一人であると認めた。彼は一九二一年にアカデミー・フランセーズに選ばれ、一九二一年に元帥となる。

いくつかの要素が、この元サン・シール陸軍士官学校生の栄光を築くことに貢献した。リヨテは原住民の伝統の研究に打ち込み、彼らに敬意を払おうと努力した。彼はフランスと、植民地で指揮を執る将校の教育的使命を定義し、その役割を理論化した。一九一二年以前、リヨテの業績はすべて植民地において繰り広げられていた。彼はトンキン〔ベトナム北部〕、マダガスカル、アルジェリア南部、そしてモロッコとの国境地帯に相次いで派遣された。それによって彼はマグレブ〔北アフリカのモロッコ、アルジェリア、チュニジアの総称〕について熟知することになった。そのおかげで、一九一二年にモロッコに設置された保護領において、フランス共和国の総監に任命されるに至った。リヨテはこの国に十二年ほど在任した。一九一六年十二月から一九一七年四月まで陸軍大臣を務めるため、彼はようやく保護領を離れた。

モロッコでの彼の活動は、アブド・アル゠カリーム〔モロッコ民族主義の指導者で、北アフリカ独立運動を指揮。一八八二―一九六三〕の反乱まで、フランスの植民地政策の成功例としてほめそやかされている。この反乱は、彼が権力から遠ざけられる原因になったものだ（一九二五年）。繰り返し言われることであるが、リヨテ総監はスルタンと最良の関係を保っていた。二人は互いに敬意を抱くことで結ばれていた。リヨテの経済的業績はめざましいものである。カサブランカの発展とすぐれた都市計画が示すように、彼は保護領の近代化に大いに貢献した。以前彼が在任した統治領でもそうだったように、彼はすぐれた人間性をもった人物であるとの評判が立った。第一次世界大戦の間中、彼はドイツ軍がかつてフランス軍と争っていた領土の中で平和を維持することができた。

一九三一年の植民地博覧会の際、リヨテは英雄化された唯一の「植民地の官吏」ではなかったし、植民地の官吏の特質と勝利の立役者の特質を兼ね備えた唯一の人物でもなかった。結局のところ、彼が仕えていたガリエーニ元帥もまた、マダガスカルや旧フランス領西アフリカ〔セネガル、ギニア、コートジボワール、ダオメー、スーダン、オートボルタ、ニジェール、モーリタニアの八国を統合した連邦政府〕の領土で輝かしい業績をあげていた。ただしガリエーニは、その経歴を通じてリヨテと同じような人間性を出せなかったのである。

第二次世界大戦以来、リヨテの栄光の衰えは言うまでもない。それはすでに述べた原因から生じている。植民地化に関連するあらゆることが、根本的な不評にさらされたのである。フランスの植民地政策は、同じような領土拡張計画に乗り出した他の諸国の政策と同様、植民地主義という概念のもとに酷評された。リヨテの思い出はその波に流された。

両大戦間を通して、植民地での冒険の威光に結び付けられる異国情緒の威光を首尾よく語った文学は、同じような酷評にさらされた。それはとりわけ、サハラ砂漠で戦った人たちの勇壮さを描いた小説や回想録に当てはまる。『南方郵便機』の著者であったサン＝テグジュペリ★と、おそらくシャルル・ド・フーコー神父〔探検家で宣教師、アフリカに長く滞在した。一八五八―一九一六〕を除けば、この忘れ去られた一群の作家たちは、サヘル〔北アフリカ、地中海沿岸地方〕で増え続け、われわれの社会の人道的心情に訴えかける悲劇的な事件に際して、いくらか反響を見出すことができるであろう。

ギヌメールからメルモーズとサン=テグジュペリまで

メルモーズ

サン=テグジュペリ

ギヌメール

飛行機は二十世紀の産物であり、戦争や郵便運搬事業に使用された。ギヌメールは第一次世界大戦中、戦闘機パイロットとして敵機を数多く撃墜した。メルモーズと、『星の王子さま』の作者としても名高いサン=テグジュペリはどちらも、民間の航空郵便会社のため危険な飛行をたびたび試みた。

ごく短期間だが英雄であると広く認められ、極端な危険をあえて冒す意志、個人的な冒険感覚、ときにはその冒険が彼らの想像を育む文学的熱中に結びついており、そして新しい技術、とりわけ飛行機に対する情熱を共通にもっていた英雄が何人か存在する。ブレリオ、ギヌメール、フォンク、メルモーズ、マルロー、サン＝テグジュペリは、二十世紀前半に新たな英雄の仲間入りをした。

彼らの中でも、第一次世界大戦における飛行隊の勇士たちは際立っている。挑戦は新しいものであった。操縦席のなかで個人としてまったく孤独になり、空中では敵との一対一の戦いがフェンシングに似ており、機械装備は信頼性に欠け、飛行決戦は一般的に死ぬまで続くから死亡率はぞっとするほど高く、飛行小隊によって編成されたグループの仲間意識は強く、その飛行小隊内部では新たな連帯の形がつくられていった。これらすべてが、一九一四―一八年の大戦に際して、それ以前には見られなかったような英雄のモデルを生み出したのである。

この一群の英雄たちの祖型は、「大天使」の異名をとったギヌメール〔一八九四―一九一七〕であった。外見が虚弱な彼は、「老シャルル」という名の飛行機に乗り、五十三機もの敵機を撃墜した。一九一七年九月、彼は二十三歳で撃ち落とされる。その後、彼の肖像が描かれた記念切手が印刷され、彼の思い出は何十年もの間、敬意を持って保持し続けられた。ギヌメールと同じ年であったフォンクは、戦争中驚くほどの器用さを示した。「達人」と呼ばれていた彼は、敵機を撃ち落とすのにわずかな数の弾で十分であった。彼は一日にいくつもの飛行決戦に打ち勝つことができた。戦争が終了した時、総計一一七機を撃墜し、ギヌメールを打ち落したドイツ人パイロットに勝利を収めたフォンクは、多くの恐ろしい戦いを生き延びた。第二次世界大戦から八年経って彼が亡くなった時、その死はほとんど注目を引かなかったのだが、それはこれらの英雄の名声がはかなかったことをよく示している。彼らはフランス史の偉人たちの中に彗星のごとく現れた英雄だった。

一九四〇年から一九四五年までの間、飛行隊の勇士であるピエール・クロステルマンやノルマンディー＝ニエメンの飛行小隊のメンバーなどが存在したが、一九四〇年夏に、イギリス会戦で勝利を収めたイギリス空軍のパイロットたちによって、彼らの偉業は早くも闇に葬られた。

一九一四―一八年の「飛行隊の勇士」たちの英雄的行為において、飛行機の機材と型は重要な問題であった。このことは、一九〇九年七月二十五日にブレリオによって実行された、三十七分間での初めての英仏海峡横断飛行に関係する。技術工芸美術館で、復元された飛行機の機体に乗った君は、この機体を実際に操縦することができたよね。何にもましてそのおかげで、飛行士が冒している危険や、ブレリオに世界的な名声をもたらした偉業の状況を君は理解できたはずだ。さらに、きわめて有能な技術者でもあった彼は、戦中に飛行隊の勇士たちの偉業を可能にした型、つまりあの有名なスパッド型戦闘機を製作した。

両大戦間期、表舞台に立ったのは、一九二七年に創設された航空郵便会社の英雄たちである。こうしてジャン・メルモーズ〔飛行家、一九〇一―三六〕の偉業は人々の記憶に刻み込まれた。この実験的試みは、ラテコエール社製の飛行機の性能の良さで、できるかぎり迅速に郵便物を運びたいという意欲から生じたものであった。飛行小隊ではなく「航空路線」が、英雄たちの偉業の枠組みをなしていた。とりわけトゥールーズとダカールをつないでいた旧フランス領西アフリカ航空路線(一九二五年)、後になると大西洋あるいはアンデス山脈を越える航空路線(一九二八―二九年)が存在した。一九三〇年に、他の二人のパイロットと共にメルモーズは初めて、「ヴォー伯爵」と名付けた水上飛行機に乗り南大西洋を渡った。一九三三年からは「虹」号に乗って定期便を運航し、一九三六年十二月七日、ダカールから八百キロ離れたところで「南十字星」号に乗って命を落とした。君は気づいたと思うが、これらの飛行機の名は彼らの偉業に詩的な調子を添えていた。

これらの人たちの勇壮さは、自ら飛行士だった偉大なる作家によって賛美された。その作家とはアントワーヌ・ド・サン゠テグジュペリ(一九〇〇―四四)である。彼は、君が知っている『星の王子さま』以外にも多くの本を執筆した。彼は厳しい砂漠のなかで起きた飛行機の故障がもたらす恐怖や(『南方郵便機』)、アンデス山脈の中で起きた事故と、山から抜け出すために必要な力や(『人間の土地』)、『夜間飛行』が引き起こす不安や、敗北に沈んだ操縦士の勇壮さ(『戦う操縦士』)を思い起こさせることができた。アントワーヌ・ド・サン゠テグジュペリは、おそらく偉大なパイロットではなかったが、一九四四年に彼がフランスの海岸の沖合で行方不明になったことにより、彼の勇敢さが讃えられることになった。

アンドレ・マルロー〔作家・政治家、一九〇一―七六〕もまた飛行士であり、スペイン内戦の際に志願兵として共和派と共に戦った。そして『希望』と題された彼の傑作の一つで、この内戦における飛行士たちの勇敢な奮闘ぶりを描いてみせた。

君は気づいただろうが、フォンクとマルローを除いては、飛行隊の勇士たちと、航空郵便路線の勇士たちは古代の叙事詩に登場する英雄たちのように若くして死んだ。第二次世界大戦直後に、フランス史の英雄たちの一覧表から彼らが削除されたことは、容易に説明がつく。いわゆる冒険文学の衰退、冒険という概念自体の弱体化、極端さという概念においてでさえ、今日では危険を綿密に計算する態度が強いこと、私が述べてきた英雄たちの壮挙にともなう危険や不確かさに比べて、それがより限定されている単独飛行に関心が集注していること、こうしたことは飛行の偉業によって引き起こされる賛嘆の動因が変化していることを示している。飛行機に関して言えば、現在では軍人はあまり注意を引かないことを付け加えておこう。

栄光から憎悪まで
――フィリップ・ペタン（一八五六―一九五一）の場合

軍人、政治家。第一次世界大戦の戦功により、国民的英雄として一九一八年には元帥となる。一九三〇年代に陸軍大臣。第二次世界大戦が勃発してフランスが解体すると、国家元首として首都をヴィシーに移した。ドイツと結託した裏切り者として、戦後は国家反逆罪を問われて終身禁固刑に処せられた。

ヴェルダン〔第一次世界大戦の激戦地〕の英雄であり、一九四五年に死刑を宣告されたフィリップ・ペタンは、英雄がどのように作り出されるのかというわれわれの主題を考慮すれば特別な関心を引く。

一九一六年から一九一九年までの間に彼が享受し、形成された栄光はどのように説明されるのだろうか。ペタン将軍は、まずヴェルダンの勝者として現れた。一九一六年二月二十四日、ドイツ軍の大攻撃に立ち向かわなければならなかった前線の防衛区域の責任者に任命されたペタンは、「彼らにここを突破させはしない」と言明する。そのため、彼は自らの戦略を課す。その戦略とは、前線で数多くの部隊を交代させながら指揮をとることにあった。モーリス・バレス〔作家、政治家、一八六二―一九二三〕の表現を借りるならば、「聖なる道」沿いに組織されたトラックによるピストン輸送が、部隊の絶え間ない行き来を可能にした。ドイツ軍は突破できなかった。五月にこの防衛区域の指揮を離れたペタンは、マルヌ会戦で同じ奇跡を再現するが、今度は長い期間でのことであった。この戦略は彼の名声を高めた。確かに多くの元軍人は、ひとたび平和が訪れるとヴェルダンで戦ったことをひけらかした。「多大な人命の損失」をもたらした戦いの勝者ペタンを誹謗するのは、元軍人たちを誹謗することに等しかったのである。

一九一七年五月十五日、ニヴェル将軍によって引き起こされた血みどろで不運な攻撃の後、ペタンはフランス軍の総司令官に任命される。それ以来、彼は前任者とは正反対の態度をとる。彼は兵士たちの血を無駄にしない将軍であり、徹底した攻撃を避け、兵士を気にかける「人間味のある」司令官を一身に体現している。彼は戦車と……アメリカ兵を待っていると明言する。農家出身のペタンは、大量に死んでいった歩兵の大多数が、ひとごととは思えない田舎の人たちで占められていることを知っている。彼は兵士の糧食を増やし、休暇の回数を増やした。一九一八年春、連合国総司令官であったフォッシュ★が前線での総攻撃を決断した時、ペタンはためらいがちであった。彼は、一九一八年十一月十一日の休戦協定が時期尚早であると判断した。

これらすべての理由から、一九一八年十一月十九日に元帥となったフィリップ・ペタンは、世論においては英雄であり続ける。フォッシュ★とは異なって、彼は権力への道から離れない。一九三一年まで、軍務の指揮に関してペタンの影響力はかなりあったが、フォッシュ★とジョッフルは亡くなっていた。一九三〇年代の初め、彼は勝利の偉大なる立役者のうちで、存命している唯一の人物、そしてとりわけ現役で指揮を執り続けている唯一の人物である。さらに一九二五―二六年、モロッコでアブド・アル＝カリームの反乱に終止符を打ったことで、彼は再び軍人としての素質を示した。

軍務の指揮をやめた一九三一年以降、彼は政治家となる。一九三四年二月六日の暴動〔右翼ファシスト諸団体の騒擾〕直後に陸軍大臣、また一九三九年にスペイン内戦の勝者となったフランコ将軍政権下で大使となる。

そして第二次世界大戦と敗北が起こる。この年フィリップ・ペタンは偉大な老人となる。彼は八十四歳で、当時このような長寿に恵まれる人は稀だった。一九四〇年五月に内閣の副首相に任命され、戦争に敗れたと彼は思った。六月十七日、首相になった彼は休戦協定という解決策を承認させるが、植民地と海軍に頼りながら戦いを続けることを主張する者もいた。元歩兵であるこの老人は、国、土地、領土を手放すことを拒む。六月二十二日の演説の中で――六月十八日ド・ゴール将軍★によって行なわれた演説と比較することが望ましい――、ペタンは休戦協定を告げ、「私はフランスのために自らを犠牲にする」と宣言する。彼が暗に願う感情的性質を持つ犠牲の交換が、ペタンに賛同するこの表現様式の根底にあり、この表現様式は「元帥流」と名づけられている。元帥が書いたものや彼の行動は、戦争に関する世界的視野に欠けていることを示している。この点で注意すべきは、第一次世界大戦の他の偉大な指揮官とは異なり、彼は若い頃植民地での軍務経験がないことである。一九四〇年六月二十二日の彼の演説は、兵士たちの血をあまり流させまいとする彼の姿勢の首尾一貫性を示している。多くの人々はそれに関して彼に感謝している。この同じ意識にもとづいて、ドイツ軍の占領期間中ずっとペタンは捕虜の運命と彼らの釈放に細心の注意を注いだ。休戦協定はおそらく彼にとって、どれほど限られたものであれ「非占領地区」を、その時点で占領から守る一つの方法だったのであろう。

あらゆる抵抗をやめる決断により、七月十日、第三共和政最後の首相フィリップ・ペタンは新体制の長となる。こうしてフランス国が誕生し、彼はその中で全権を与えられた。

そこで、フランス人に次のような問いが出される。平均余命があと二、三年という八十四歳の人物が、個人的な野心を抱くことができるだろうか。長い間言われてきた以上にペタンの実際の影響力は強かったことが判明しているが、その彼の活動は、少なくとも自らの信条を反映しているたいへん複雑な計画を開始し、実現したいという野心を持っていたことを明らかにしている。つまり一種の国家革命である。この革命は「祖国」、「国家」、「労働」、「大地」など共和国の価値でもあったいくつかの価値に立脚している。しかし同時に、この革命は「道徳の更生」と呼ばれるものも意味し、それは非宗教性のような他のいくつかの価値を否定し、さまざまなカテゴリーのフランス人を罵倒し、さらには迫害することにつながる。そのカテゴリーの中に、フリーメーソン会員、共産主義者、ユダヤ人——彼らについては後に再び取り上げる——、さらに惨禍の責任者とされた他の左翼の人たちが含まれていた。

どの時期に、どのような理由で元帥のイメージが世論において失墜したのだろうか。その線が直線であっただけに衰退を示す線を科学的に測ることができない、ということは認めざるをえない。一九四四年四月の視察の際、いまだに大勢の支持者たちがペタンを歓呼の声で迎えたことを、議論の根拠にする人たちがいる。しかしこの議論にはほとんど説得力がない。世論の歴史に関していえば、このような群衆に典型的な価値がないことをわれわれはよく知っているからだ。

しかしながら、当初ペタンによる捕虜への気配りの仕方を高く評価する者たちが数多くいたように思われる。全員ではないが、右派の人々の中には政治的転機を喜んだ者たちがいた。ド・ゴール将軍★の影響力の弱さ、小規模なレジスタンス運動、イギリス海軍とフランス海軍が敵対したマルサ・アル＝カビール〔アルジェリアの町で、フランス海軍の基地〕での悲惨な戦いの反響が、数か月にわたって（一九四〇―四一年）、老いた元帥の人気を保つことを容易にした。多くの元兵士によって崇拝され、独裁的であると同時に父性的な彼の姿は切手となって、人々を安心させた。

それまで庇護や保護として捉えられていたことが対独協力になっていたことを、多くのフランス人が自覚した時、彼に対する不信感が高まった。すでに一九四〇年十月二十四日、モントワールにおいて元帥とヒトラーの間で交わされた握手は不安の種となった。一九四二年四月に権力に復帰してから、ラヴァル〔ヴィシー政府首相として対独協力政策を推進した政治家、一八八三―一九四五〕が押し進めた政治は、「対独協力者」が少しずつ元帥に影響力を行使し始めたことを示している。より全体的に見ると、当時の独裁者たち――少なくとも西ヨーロッパの独裁者たち――に向けられた不信感が高まり、それがたった一人の人物によって統治されたヴィシーのフランス国にも影響していた。

ド・ゴール★の高まる名声、フランス国政府によって「テロリスト」で構成された活動と告発されていたレジスタンスの発展、ロンドンのラジオ局によって明かされた自由フランスの武勲、一九四二年十一月十一日、ドイツ軍による非占領地区への侵略、北アフリカ（一九四二年夏から一九四三年五月まで）、そして特にスターリングラード（一九四三年）でのドイツ軍の敗北は、かつての英雄を祖国への裏切り者とするに至った過程を加速した。

国土に残留したフランス人の保護者であるペタンと、同じ国土が解放されるまで、連合国と共に戦い続けたド・ゴール★は役割分担したのだ、と主張する人もいた。十分に根拠があるわけではないが、いまだに論争を引き起こすこの説は、後になってペタンを正当化しようと試みた結果のように見える。

連合軍がプロヴァンスとノルマンディーに上陸してから、ペタンの失墜が始まる。一九四四年八月、ドイツ軍によってジグマリンゲンの住居に身柄を拘束されたペタンは、一九四五年四月にスイスに逃れる。しばらくして、彼はフランス当局に出頭する。一九四五年八月、八十九歳にして裁判の結果まず死刑判決を受け、その後臨時政府首班であったド・ゴール将軍★によって恩赦が与えられる。彼は一九五一年、九十五歳で生涯を閉じるまでユー島〔大西洋上の島〕に拘留された。

ペタンの死後のイメージは、それから絶え間なく練り上げられた。少数派はヴェルダンの英雄のイメージに執着した。極右の何人かの支持者たちは「国家革命」の価値に忠実であり続けた。この支持者グループの中に、私が先ほど述べた役割分担説の支持者たちがいる。

しかし年数が経つにつれて、彼の紛れもないユダヤ人排斥と、ヴィシー体制と呼ばれたもののユダヤ人排斥がしだいに明るみに出されたことで、ペタンのイメージ低下は明白になった。ペタンが個人的に起草に参加し、一九四〇年に発布されたユダヤ人規定、ドイツのユダヤ人排斥政策への積極的な協力、フランスの当局——県庁、憲兵隊、警察のメンバーたち——が強制収容所への監禁において果たした役割、ユダヤ人一斉検挙の話、そしてドランシーのユダヤ人収容所での残虐行為をめぐる記念行事が、世論におけるペタンの価値低下を強めたのである。

英雄と偉人の地位は作られるものである。何人かの人たちは、世紀の流れと共に少しずつその資格を失い、その後まったく忘れ去られた。ペタンの場合はこれに当てはまらない。イメージの急変が起こったのだ。つまり英雄は裏切り者へと変わり、そして多くの人にとっては怪物となった。

シャルル・ド・ゴール（一八九〇―一九七〇）

軍人、政治家。第二次世界大戦中、フランスが陥落するとロンドンに逃れ、「自由フランス」を結成してドイツへの徹底抗戦を呼びかけた。戦後は司令官としてパリ入城を果たす。第五共和政下に大統領となり、資本主義陣営と共産主義陣営のあいだにあって、独自の外交・軍事路線を貫いた。

シャルル・ド・ゴールは、奇妙なことに彼と同世代の英雄や偉人に及んだ忘却、さらには価値低下に害されることはなかった。最近の世論調査も、ナポレオンとジャンヌ・ダルク★と共に、彼を偉人リストのトップに位置づける。

しかし当時としてはよくあることだが、彼の経歴はまず軍人であり、彼にまつわる多くの挿話は現代では忘れられた英雄たちの経歴を想起させるものだ。シャルル・ド・ゴールはサン＝シール陸軍士官学校の卒業生で、第一次世界大戦で彼は前線で戦い、その間三度も負傷した。戦争中に際立った戦功を挙げた最も偉大な指揮官たちと同じように、両大戦間期、彼は軍略家になる。彼の著作はいくつもあるが、とりわけ『職業軍隊の創設に向けて』を書く。後に彼の切り札の一つとなるもの――機甲部隊の縦隊が決定的な役割を果たすと予測していたこと――のおかげで彼は注目を引くが、だからといって彼の考えが採用されることはなかった。

シャルル・ド・ゴールは優秀な将校であり、常にこの地位に執着した。一九四四年から一九四六年まで臨時政府を指揮し、党首になり、やがて共和国大統領に選ばれた時でも、彼が将軍として軍服を身につけるやり方は、彼が軍人としての外見を重視していたことをよく示している。少なくとも今日、彼が幼少期を過ごした家から分かることであるが、彼が属する下級貴族というよりも中産階級を思わせるリール出身の家庭で生まれたシャルル・ド・ゴールは、カトリック教徒である。知的には、シャルル・モーラス（右翼の作家、一八六八―一九五二）の影響を受けており、伝統的な国家観を持っている。フランスに対する彼の考えは、ジャンヌ・ダルク★の歴史家ミシュレの考えとほぼ同じである。ド・ゴールはフランスの土地に愛着を持ち、丘の上に建つラ・ボワスリーの邸宅からその土地を長々と楽しみながら見つめ、そして時間の許す限り、家族を連れて車で走りまわることを好んでいた。今日、過疎化したオート＝マルヌ県にあるコロンベ＝レ＝ドゥ＝ゼグリーズに創設された記念館は、これらのことをよく物語っている。また一九七〇年の葬儀も示唆に富む。質素な墓がコロンベに作られ、遺体は軍用車で運ばれたのである。

要するに、この軍人は下級貴族出身で、昔の土地に愛着を持ち、うわべだけの美しさを避け、フランスを一人の人間と見なしているのだが、今日では周知のように、国家は痛烈な皮肉の対象となっている。したがってド・ゴールは一見したところ、彼の思い出を人々の記憶に刻み込ませるための決め手をほとんど持っていない。政治の領域に関して、一九五八年に彼が権力に復帰したことは、国家の機能に対する民主的な考え方を持つ人たちから異論を呼びかねないだけに、なおさらそうなのだ。後にフランソワ・ミッテラン〔社会党の政治家でド・ゴールのライヴァル、一九八一―九五年に大統領を務めた。一九一六―九六〕のような人は、彼を絶えざるクーデタの張本人であると言うだろう。権力を行使したシャルル・ド・ゴールは、自らの目的を達成するため二枚舌を操った。一九五八年から一九六二年までのアルジェリア問題を解決する仕方が、そのことをよく示している。

さらに、シャルル・ド・ゴールは死刑の積極的な支持者であり、一九六二年に彼に対してなされたプチ＝クラマールのテロ攻撃の犯人たちを銃殺させたことを付け加えるならば、他の多くの偉人たちの場合に起きたように、われわれが保持している彼に対する敬意の思い出は、多くの点で衰えて当然だっただろう。そのうえ、政界引退の原因となった一九六九年の国民投票の際の失敗は、シャルル・ド・ゴールが大多数の民衆の支持を失ったことを示していた。言い伝えによると、彼はこの結果に深く傷ついていたとされている。この否認に先立つ一九六八年の危機の際、彼の家族内の若者でさえ彼を過去の人物と見なしていた。

ところが二十一世紀初頭の世論調査から、シャルル・ド・ゴールが二十世紀のすべての英雄や偉人よりも上位にランクされていることに、われわれは気づく。この崇拝の念には、何か時代錯誤的で逆説的なものがある。ジャンヌ・ダルク★やナポレオンのようにシャルル・ド・ゴールは、人々が彼に向ける賛嘆の動機に関してある種の永遠性を享受しているように見える。まるでこの賛嘆の念が彼自身を超え、彼が自らを超越する何かの化身になったかのように。この問題を提起している研究はたくさんある。しかしどの研究もこの問題を本当には解決していない。シャルル・ド・ゴールの威光を説明するには、われわれはさまざまな仮説の目録だけで満足しなくてはならない。

人々の記憶において、シャルル・ド・ゴールはまず「六月十八日の人」であり〔一九四〇年六月十八日、彼はロンドンからドイツに対する徹底抗戦を呼びかけた〕、「否」と言い、戦いをやめないと考えた人であり、それはもっぱらフランスの名においてそうだった。映画、演劇、特にテレビは少し前から、今や大多数の子供たちが知っているこの呼びかけの日を記念日として描いた。シャルル・ド・ゴールをめぐる物語は、フランスの歴史そのものともなった彼の伝記のその時点に集中する傾向がある。

彼に対する賛嘆の念が衰えないことを説明する二つ目の決め手は、洞察力である。シャルル・ド・ゴールは物事がきちんと分かり、戦争に対する世界的視野を持ち、第二次世界大戦の本質そのものを把握しているとただちに確信できた人物である。そして彼が正しかったことは、歴史によって認められた。

かつてすべての人が彼に認め、今でも認め続けるもう一つの長所は、強靭さである。シャルル・ド・ゴールは、障害のせいでやる気を失ったりせず、決断に際して力強いたくましさを発揮し、自由フランスが絶えず直面した困難を克服できた人物にほかならない。マルサ・アル=カビール会戦〔一九四〇年七月、アルジェリアの港町マルサ・アル=カビールに停泊するフランス艦隊をイギリス軍が攻撃した事件〕があったにもかかわらず、ド・ゴールは自らの考えを貫いた。さらに難しいことではあったが、彼はチャーチルやルーズベルトに一歩も引けを取らなかった。彼はジロー〔軍人、第二次世界大戦中ド・ゴールに協力した。一八七九―一九四九〕を凌駕し、レジスタンス運動全体から認められた。

おそらく何よりも重要なのは、ド・ゴールが大胆にフランスの権化として登場し、連合国にそのやり方を認めさせるのに成功したことである。この姿勢のおかげで彼は、個人的な野心を持っているというい かなる非難も免れ、場合よっては金儲けをしようとする願望も疑われずにすんだ。周知のように、ド・ゴールは国の財政を心配し、自らの社会保険料を払い、少なくとも繰り返し言われていることだが、エリゼ宮〔大統領官邸〕においてさえ、部屋を離れる際には電気を消していたという。このような逸話は重要であり、ド・ゴールを「一般庶民のような」人にしていた。

残るは彼の弁舌の才である。これなしでは、おそらくド・ゴールが独特の威光を獲得することはできなかったであろう。しかし認めざるをえないことだが、それはきわめて大げさで、現代では古臭くなった雄弁術である。要するにそれは壮大な場面設定にもとづき、強調された口調からなり、効果を考えた身振りを伴い、暗記した文章を朗読するという一九四〇年代初頭の雄弁術である。シャルル・ド・ゴールは、一九六〇年代の記者会見のやり方や、さらに難しいことだが、テレビ会見のやり方にうまく適応しなければならなかった。いずれにしても彼の雄弁術は、一九四〇年六月十八日に大きな影響力を持ったラジオ放送の演説にもとづいていた。

彼の名声の維持を説明するために提出できる仮説は、ほかにもある。まず彼の長身が象徴しているように、素朴さと調和する高さの意識。この決め手は部分的には生物学的なものだが、身体の歴史に関する一連の研究が示しているように、きわめて重要なことである。長身だということは、それだけで卑劣さを排除するかのようである。ラ・ボワスリーでの彼の生活習慣が示しているような、出来事に対する距離のとり方は、観想、瞑想、沈黙と孤独の徳に関係するすべての構図と一致している。文学的に質の高い『大戦回顧録』の文体は、過去を回想するに際してそうしたものが豊かさをもたらしてくれることを証明している。

結論として、ド・ゴールは妥協せず、二つの陣営〔自由主義陣営と共産主義陣営〕のどちらにも服従せずに、一九四四年と一九四五年に国際舞台でフランスという国の強い印象を与え、それによってその後のフランスに、とりわけA爆弾のおかげで独立を守る軍事手段を保証した。世論は今日そのことを彼に感謝している。古びたように思える教育を受けた一人の人間が、不適切にも「栄光の三十年」〔経済成長を遂げた一九四五—七五年を指す〕と呼ばれる時期に——不適切というのは、ここでは栄光が問題となっていないからである——、フランスを近代化の道へと切り開いた。世論はそのことを彼に感謝している。そして最後に、非植民地化へうまく導き、普通選挙において選ばれる人が長となる大統領制の共和国を確立したことで、多くの人はド・ゴールに感謝している。

結局、この二面性を持った渡し守に与えられる逆説的で、しばしば事後的な支持や、ド・ゴールの英雄や偉人としての地位を認める態度が、一九六九年よりも二〇一一年のほうがより強いのではないかとわれわれは問うこともできる。他方、一九四八年にフランス世論研究所によって行なわれた調査によると、彼の名声は当時最低だったことを強調しておこう。

第二次世界大戦の英雄たち、二つのモデル
――ルクレール元帥（一九〇二―四七）とジャン・ムーラン（一八九九―一九四三）

ルクレール元帥

ジャン・ムーラン

ルクレール元帥は軍人。第二次世界大戦中、フランス領赤道アフリカの軍事司令官に任命される。アフリカ戦線、ノルマンディー戦線で戦功いちじるしく、パリ解放に大きく貢献した。

ジャン・ムーランは対独レジスタンスの英雄。ロンドンでド・ゴールに合流し、彼の命を受けてフランス国内でレジスタンス運動の指揮を執った。しかし裏切りにあってゲシュタポに捕えられ、拷問の末死亡した。

これらのモデルの最初の一人は、戦では勇敢な戦士であり、彼の行動は戦場で成し遂げられた偉業の伝統に立ち戻る。第二次世界大戦中、このようなタイプの英雄は敗北の記憶を払拭し、自由フランス軍において戦うことで壊滅から生じる恥辱をすすぐ任務がある。要するに、このように捉えられた英雄は勝利の文化に影響されている。

この英雄モデルの最良の代表者は、燃えるように輝くフィリップ=マリ・ド・オートクロク将軍であり、意味ありげな偽名であるルクレールという名で呼ばれている。貴族階級の出身でサン=シール陸軍士官学校の卒業生であり、第二次世界大戦初期に負傷した。捕虜となったが脱走し、ロンドンでド・ゴール★と合流する。ド・ゴール★は彼の長所を見抜き、自分の戦略を強固にし、実現できる男だと考えた。一九四〇年からルクレールはカメルーン総督に任命され、そして旧フランス領赤道アフリカ〔チャド、ウバンギ・シャリ、中央コンゴ、ガボンの四か国を統合した連邦政府（一九一〇―五八）〕の軍事司令官となる。

それ以来、ルクレールと彼の兵士たちは、一九三〇年代の間、若者たちに夢を見させた砂漠での戦争の英雄的行為に立ち戻る。オアシスの魅力、静寂からの呼びかけ、砂漠の蜃気楼、これらすべてがルクレールの偉業の物語と共に想像世界で蘇るのである。それゆえ一九四一年に彼がクーフラ〔リビア砂漠にあった砦〕を奪取したことが重要となる。ルクレールは、いつかストラスブールに再びフランスの国旗をたなびかせることを誓った。果敢に彼はリビアの南部から北部までを縦断し、一九四三年二月二日、ロンメル〔ドイツの元帥、一八九一―一九四四〕のアフリカ部隊を押し返そうと努める英国軍隊と合流する。

さらにフランス人は、一九四四年に実現された第二機甲師団の軍功を記憶の中に留めていた。この唯一の機甲師団は、ノルマンディーの戦いとフランス領土解放の際、連合国軍の軍事装備の中では小さな存在にすぎなかった。そのうえこの機甲師団は、総司令官であるアイゼンハワー将軍〔アメリカの軍人、後に大統領となる。一八九〇―一九六九〕の指揮に従っていた。しかしルクレールは反乱が起きたパリを助けに行く許可を得た。八月二十四日、彼はパリに入る。この日は、私が区別している二つの英雄モデル、つまり燃えるように輝く英雄精神のモデルと影の英雄精神のモデルが遭遇することになる。アルザス地方の奪還におけるルクレールの役割は、チャドからライン川まで至った彼の壮挙を完成させる。十一月二十三日、第二機甲師団はストラスブールを包囲する。将軍は誓いを守った。町に再びフランスの国旗がたなびいた。

ルクレールは、この戦争中、フランスの存在感を示した唯一の指揮官ではなかった。後に元帥となるジュアンのほうは、連合国軍が行なったイタリア遠征に際して重要な役割を果たした。ここでは、フランス領土でのルクレールの活動よりも彼の活動のほうが重要であったと考えられる。一九四四年八月十六日、首尾よくプロヴァンスに上陸した、後の元帥ラットル・ド・タシニーは国土の一部を解放し、ライン川からドナウ川まで自らの軍隊と共に行軍する。このことによって、フランスは敵領土の一部の占領を要求することができた。ケーニグ将軍と彼の兵士たちは、一九四二年にビラケム〔リビア砂漠の要塞〕で、武勲を成し遂げながら敵の前進を遅らせた過去の英雄たちの偉業を再現した。フランス人にとって、この時に彼らは皆、真の英雄たちとして現れた。若者は自分たちの部屋の壁に、連合国の偉大な将軍アイゼンハワー、ブラッドリー、モンゴメリー、あるいはジューコフの肖像写真と並べて、彼らの肖像写真を貼っていた。

フランス人の考えによれば、これらの軍事指揮官たちは、われわれが「プルタルコス風」と名づけた英雄モデルを体現した最後の人物たちである。一九四五年から一九六二年までの間、結局失敗に終わり、時には現地人の反乱を伴った植民地戦争はもはや英雄を作り出すことができなくなる。一時期インドシナに派遣されたルクレール自身も、そこでは居心地の悪い思いをした。ルクレールは一九四七年に、アルジェリアの地コロン＝ベシャールの近くで、四十五歳にして飛行機事故による悲劇の死を遂げるが、それは植民地戦争の苦しみから彼を守り、結果的に彼の英雄化を助長することになった。彼は死後に元帥という地位を得る。それはそれとして、彼の名が付けられている多くの広場、大通り、そして通りがあるにもかかわらず、彼の栄光は薄れていったように思われる。近年行なわれた世論調査では、最も尊敬に値しそうな過去の人物たちの名簿には、もはや彼の名は載っていない。

この勇敢な英雄の人物像は、結局のところ伝統的ではあるが、今日ほとんど忘れさられている。

というのも彼は後のフランス軍の挫折や、軍功に対する尊敬の念の衰退に苦しんだからだ。この人物像に対して、第二次世界大戦中に他の英雄モデルが世に出るようになった。それは、レジスタンス〔ペタン政権がドイツに降伏した後、フランス人が展開した反ドイツの抵抗運動〕の闘士が体現しているモデルである。レジスタンスの闘士は敗戦の記憶も対独協力の記憶も同時に追い払う。彼はドイツ軍や恐ろしいゲシュタポ〔ナチスの秘密国家警察〕、またダルナン〔ヴィシー政府の中枢にいた政治家、一八九七―一九四五〕の親独義勇軍〔ヴィシー政府が対レジスタンス向けに組織した〕をなすフランス人とも戦う。この英雄のタイプが、最初のものよりもフランス人の記憶の中に残っている。人々に賛美され、映画、テレビ、そして新聞雑誌が称揚する英雄のタイプであり、一九六四年十二月十九日に、フランスはジャン・ムーランという人物を通じてこの英雄のタイプをパンテオンに祀った。

ジャン＝ピエール・メルヴィルの素晴らしい映画の題名を借りるならば、ここで問題になっているのは「影の軍隊」である。ここに登場する男女の英雄的行為は派手ではなくて、夜陰に乗じてなされる。ヴィシー政府のラジオ＝パリが「テロリスト」と名づけた人たちは、襲撃、テロ行為、仕組まれた脱線事故、情報収集、フランス領内で撃ち落とされた連合国軍の飛行士たちの偽装を活動形態としている。彼らは、少なくとも一九四四年以前には、しっかり編成された部隊として活動することはない。彼らは地下組織の一員である。職業軍人というより、彼らは「一般庶民」の男女を代表している。終戦直後、『穏やかな父』と題されたルネ・クレマンの映画でノエル＝ノエルによって演じられた英雄が、その「一般庶民」を象徴していた。影の軍隊の中では、確かに衝突をはらみながらも、さまざまな社会階級と党派がひそかに混ざり合っていた。活動への参加は自発的なことであり、個人的な決断から生じるものである。メンバーの英雄的行為の形は、これ見よがしの手柄から、たとえ残酷な拷問にかけられようが地下組織を暴かないように気をつけ、銃殺される時に勇敢さを示すという、新しい勇気の形へと変化していく。若きギー・モケ〔十七歳で銃殺されたレジスタンス闘士、一九二四―四一〕の手紙や、偉大なる歴史家マルク・ブロック〔歴史家で、第二次世界大戦中はレジスタンス運動の指導者の一人。ナチスに捕らえられて銃殺された。一八八六―一九四四〕の死は、このような英雄的行為の形を例証している。

一九四四年にこれらの人々は頭角を現し、あちらこちらでフランス国内軍として大っぴらに戦うようになる。彼らはリムーザン地方のようにいくつかの地方を奪取し、多くの町を解放し、占領軍を逃走させた。しかし言わざるを得ないが、彼らの偉業は、対独協力で告発された男女の意に反してまで実行された残虐な粛清行為によって、しばしば損なわれた。

ジャン・ムーランは、この種の影の英雄的行為を象徴している。彼がパンテオンに祀られたのは、この元知事がいわば、ヴィシー政府における県行政の何人かの役人の悪事を償ったからであり、ごく早い時期から反ファシズムの態度を示したからであり、またレジスタンスの指揮を執ったからであり、そして犠牲者として亡くなったからである。一九四一年、ジャン・ムーランはロンドンでド・

ゴール将軍★と会う。一九四二年一月に彼はパラシュートでフランスに降下し、レジスタンス運動を統一する使命を受ける。一九四二年三月から一九四三年一月までの間に、彼はこの使命を果たすことに成功する。秘密軍隊の結成や、ド・ゴール★に忠誠を誓ったレジスタンス国民会議の設立において、彼の役割は重要である。一九四三年六月二十一日、ジャン・ムーランはゲシュタポに検挙され、クラウス・バルビ〔リヨン地方におけるゲシュタポの中心人物。一九一三―九一〕によって拷問にかけられ、ドイツに移送される途中で亡くなる。

男女を問わずレジスタンスの運動家たち、そして人質になった者たちはたちまち英雄化された。当然ながら、それはジャン・ムーランだけの場合ではない。ダニエル・カザノヴァ〔アウシュヴィッツで死んだレジスタンスの女性活動家、一九〇九―四三〕やシャトーブリアン〔フランス西部の町〕で銃殺された者たち、そしてパリを解放した兵士たちが忘れ去られることはない。彼らが死んだその場所に標示板を設置することによって、人々は彼らの思い出を持ち続けるのである。

いずれにしてもこの十年間で、フランス占領下における英雄的行為の表象は変化した。この変化は、ヴィシー政権のユダヤ人排斥とショア〔ユダヤ人大量虐殺〕の苦悶を強調する動きと連動している。今や対独協力をおぞましいものにする理由は、まずそれらを承諾し、さらにそれを望んだということである。レジスタンス運動家たちの英雄化は長い間、他の英雄、すなわち聖書の中の言葉を用いるならば「正義の人々」と呼ばれる者たち、つまり都会でも田舎でもユダヤ人、とりわけ子供を隠し、救った人たちを無視することにつながっていた。

この観点に立つと第二次世界大戦は、一八七〇年から一八七一年までと一九一四年から一九一八年までの戦争の見地からのように、戦争中に「ドイツ野郎」と呼ばれていたドイツ人に対して向けられたものというより、ナチスに対して向けられたものとして捉えられる。この観点は、和解という論理においてドイツ国民を免責する一つのやり方である。いくらか時代錯誤的とはいえ、このように考え方の変化に従うならば、恐怖は、侵略や敗北やドイツ軍によるフランス占領よりも、むしろ対独協力や「ホロコースト」〔ユダヤ人絶滅政策〕によって生じることになる。

フランス史のこの新しい時代における英雄の人物像の複雑さは、とりわけ興味深い。英雄が作り出される過程に見られるこうした変化は、集団的情動の歴史、とりわけ恐怖の諸形式に対する感性の歴史に関わる変化を反映しているのだ。このことが、一九三九年から一九四五年までの間になされた英雄的行為に関する再評価と、部分的な忘却を規定している。

ンヌ・ダルク、ルイ十一世、マンドラン〔十八世紀の義賊、1724-55〕(ナポレオンは除外された。というのも前年度の1948年の質問の際、あまりにも投票者数が多かったため、他の人物たちの影が薄くなってしまう恐れがあったからである。)

回答者は2512名

ジャンヌ・ダルクは、男性よりも女性を多く引き付ける。ロベスピエールは男性によって三番目に、女性によって七番目に位置づけられる。ラマルティーヌは女性によって三番目に、男性によって七番目に位置づけられる。ロベスピエールは、回答者の年齢が上がれば上がるほど人気がない。ジャンヌ・ダルクは、「年齢層の高い人たちから頻繁に名前が挙げられる。」「農業従事者は、シャルルマーニュ、バヤール、ジャンヌ・ダルクをわりあい好む。」「労働者階級の好みは、ほとんど常にロベスピエール、バヤールそしてマンドランに向かう」が、ジャンヌ・ダルクにはほとんどいかない。「サラリーマンや公務員、実業家、商人そして自由業の人々はデカルトとラマルティーヌをわりあい好む。」パストゥールとジャンヌ・ダルクを同時に好むことは、もっとも一般的である。
政治的帰属——ロベスピエールは、左派共和連合の保守派には絶対に選ばれない。

ピエール★そしてルイ十一世を好む。」「フォッシュ★、パストゥール★、リシュリュー★を、男性のほうが女性よりも少し多めに引き合いに出している。」

―― 1949 年 10 月の質問 ――

「次の歴史的人物の中で、あなたが一番好きなのは誰ですか。そして二番目に好きな人物は誰ですか」

一覧表には 12 人の名前が挙げられている。シャルルマーニュ★、デカルト、ウェルキンゲトリクス★、ラマルティーヌ★、パストゥール★、ルイ十四世★、ロスチャイルド、ロベスピエール★、バヤール★、ジャ

	第一の選択（%）	第二の選択（%）	平均（%）
パストゥール★	48	18	33
ジャンヌ・ダルク★	18	20	19
ロベスピエール★	5	6	5.5
ラマルティーヌ★	4	9	6.5
シャルルマーニュ★	4	6	5
ルイ十四世★	4	5	4.5
バヤール★	3	6	4.5
ウェルキンゲトリクス★	3	4	3.5
デカルト	2	6	4
ルイ十一世	1	2	1.5
マンドラン	1	2	1.5
ロスチャイルド	1	1	1
無回答	6	15	10.5

ラ ン ク	第一の選択（%）	第二の選択（%）	合計（%）
1 ナポレオン	21	11	32
2 ジャンヌ•ダルク★	7	4	11
2 アンリ四世★	6	5	11
3 ルイ十四世★	5	5	10
4 クレマンソー★	4	5	9
5 フォッシュ★	1.8	3.6	5.4
6 パストゥール★	2.3	2.8	5.1
7 ポアンカレ	2.2	2.8	5
8 ロベスピエール★	2.6	2.2	4.8
9 ジョレス★	3	1.8	4.8
10 リシュリュー★	2.6	2	4.6
11 ヴィクトル•ユゴー★	1.8	1.8	3.6
12 シャルルマーニュ★	2	1.2	3.2
13 聖王ルイ★	1.5	1.5	3
14 ウェルキンゲトリクス★	0.9	0.6	1.5
15 ラマルティーヌ★	0.6	0.8	1.4
16 ルイ十一世	0.7	0.4	1.1
17 バヤール★	0.4	0.5	0.9
他の人物	25	32	57
無回答	9.6	16	25.6

付録4

1948年6月と1949年10月にフランス世論研究所によって実施された調査からの抜粋（*Sondages*, n°17, 1er juillet 1948, p. 150; *Psyché*, février 1950）。

―― 1948年6月の質問 ――
題名「フランス史を代表する人々」

「もしあなたが、フランス史の有名な人物と一緒に1時間話せるとしたら誰を選びますか」
したがって「はい」か「いいえ」で答える質問ではない。

回答者は1859名。

結果―― 100名以上の名前が挙がった。
他の人物としては以下の人々の名前が挙げられている：

コルベール、ルイ十六世、ガンベッタ★、ルクレール★、ブリアン、タレーラン、マリ＝アントワネット

そして、およそ1パーセントの回答者によって次の人物たちが挙げられている：

フランソワ一世★、ダントン★、ジョッフル、ヴォルテール、ペタン★、ティエール、ド・ゴール★、ジュール・フェリー、ミラボー、ルイ十五世、ポンパドゥール夫人、ナポレオン三世★、マリ・キュリー、キュリー、ルソー、マザラン★

「女性は、ジャンヌ・ダルク★、そしてヴィクトル・ユゴー★、聖王ルイ★、ラマルティーヌ★の名前を男性陣よりもずっと頻繁に引き合いに出す。」「他方で男性は、クレマンソー★、ジョレス★、ロベス

付録3

1906年10月30日から11月30日までの間に『プチ・パリジャン』紙によって行なわれたコンクール「誰にでも理解できて、教育的で楽しい偉人ゲーム」

質問「あなたが各自に与える功績によって分類する時、十九世紀に生きた最も高名で、われわれの祖国の栄光にもっとも寄与した10人のフランス人は誰ですか。」

1907年1月13日に結果が公表された。

勝者——入市税関の職員1人、整備士1人、潜函作業員1人、お針子1人、下着製造女性1人。

結果——ソルボンヌ大学の中庭にマルウエストによるヴィクトル・ユゴー像とユーグによるルイ・パストゥール像の二つが建立された。今もこれらの像は存在している。

『プチ・パリジャン』紙の印刷部数	125万部（およそ）
『ゴーロワ』紙による推定読者	労働者階級そして急進主義者
有効投票数	1500万以上

パストゥール★	：	1,338,425票
ユゴー★	：	1,227,103票
ガンベッタ★	：	1,155,672票
ナポレオン	：	1,118,034票

付録2

G・ブリュノ（本名オーギュスティーヌ・フイエ夫人）の『二人の子供のフランス巡歴』〔第三共和政下で広く使用された読本教科書、初版は 1877 年〕の中で引用されている最も長いテキストに登場する称賛された人物たち

1. ジャンヌ・ダルク★（121行）
2. デュ・ゲクラン★（104行）
3. バヤール★（93行）
6. ウェルキンゲトリクス★（73行）(1)

（1）Maurice Agulhon, « Nouveaux propos sur les statues des « grands hommes » au XIXe siècle », *Romantisme*, n°100, 1998, p. 16.〔ちなみに 4 位はポール・リケ（技師、1604-80）で 85 行、5 位はミシェル・ド・ロピタル（政治家、1504-73）で 77 行〕

付　録

（本書第Ⅱ部で項目として立てられている人物には、本文中で星印★を付した）

付録 1

十九世紀に刊行された伝記の数によるフランスの国民的偉人たち

1. ナポレオン	：	205
2. ジャンヌ•ダルク★	：	191
3. アンリ四世★	：	51
4. バヤール★	：	33
5. デュ•ゲクラン★	：	25
6. テュレンヌ	：	20
8. フランソワ一世★	：	16
10. ボシュエ	：	13
11. 聖王ルイ★	：	10(1)

（1）D'après Christian Amalvi, « L'exemple des grands hommes de l'histoire de France à l'école et au foyer（1814-1914）», *Romantisme*, n°100, 1998, p. 100-101.〔ちなみに7位はデュゲー＝トゥロワン（軍人、1673-1736）、9位はジャン・バール（軍人、1650-1702）である。〕

謝辞

原稿を読み直し、多大なる教育経験の恩恵に浴させてくれた
ミシェル・ドラットル先生に御礼を申し上げたい。

〈解題〉英雄と偉人にみられるフランス人の歴史意識

アナール学派の継承者にして、「感性の歴史学」の中心的な担い手の一人アラン・コルバンが、事もあろうに「英雄」という語をタイトルに含んだ書物を著したことに、奇異の念を抱く読者は少なくないかもしれない。感性の歴史学は無名の民衆や集団の心性を読み解く歴史学であり、たとえ個人とその生涯を叙述する場合でも、その個人の英雄性を称えるのではなく、彼が体現する共同体や時代の価値観と精神構造を明らかにすることが目的だからである。実際、たとえば木靴職人ピナゴの生涯を再構成した『記録を残さなかった男の歴史』(一九九八)など、これまでのコルバンの著作はそのようなものだったし、本書の後に刊行された『木陰の快さ——古代から現代にいたる情動の源泉としての樹木』(二〇一三)にしても、樹木をめぐる西洋人の感じ方の変遷を、さまざまな作家、哲学者、画家たちの証言と作品をとおして跡づけた著作である。

しかし誤解してはならない。コルバン自身「日本の読者へ」で明言しているように、本書においてコルバンはこれまでの方法論を否定して、フランス史の英雄を称賛する伝記を綴ろうとしたわけではない。そうではなくて、コルバンはこの二世紀、フランスにおいて歴史上の英雄と偉人がどのように作られ、祀り上げられ、否定され、ときには政治的・イデオロギー的に利用されてきたかを示そうとした。偉人が誕生し、称賛されるプロセスを読み解きながら、その背後にある近代フランス人の自己意識を考察した。

第一部では、英雄と偉人の概念が時代によって変化してきたことを論じ、第二部では、約三十人の歴史的人物を個別に取り上げてそれぞれの生涯を略述し、偉人として称賛されるようになった原因を問いかけている。本書は英雄伝や偉人伝ではいささかもなく、英雄や偉人がどのように創られてきたかをとおして、近代フランス人の心性の変貌を析出させようとした著作である、ということをまず強調しておきたい。

フランスであれ、他のいかなる国であれ、ひとつの国家がみずからの歴史を振り返り、それを書き綴り、教育の場で教えるとき、偉人や英雄を持ち出すのには正当な理由がある。社会が安定を欠いたり、国民統合の必要性が強く意識されたりするとき、かつて国家の栄光に貢献した英雄や偉人の事績が参照されるのは、見やすい道理だからだ。「英雄史観」はアカデミズムの歴史研究の世界ではもはや方法論的な有効性を失ったとはいえ、一般市民のあいだでは根強い支持を得ているし、しばしば政治的、あるいは文化的な効力を発揮することも否定できない。たとえば日本で、歴史上の英雄や偉人を主人公とする歴史小説が昔から数多く書かれ、高い人気を誇っているのはそうした事情の現われであろう。

以下のページでは、コルバンや他の歴史家の研究を踏まえつつ、フランスで誰が、どのようにして英雄や偉人として創出されてきたのか、どのようなイデオロギーがその根底にあったのかを示したい。そして最後に、比較のため日本の状況を簡単に考察してみることとする。

パンテオンというモニュメント

パリの学生街カルティエ・ラタンの一画に、その規模の大きさによってひときわ人目を引く白亜の建造物が聳えている。ドーム式の屋根をいただいた新古典主義様式で、幅八四メートル、奥行き一一〇メートル、高さ八三メートルの堂々たる建造物パンテオンである。建設が始まったのは一七六四年で、フランス革命を挟んで一八一二年に竣工している。設計したのは建築家スフロで、彼の名前にちなんで、パンテオンが面する通りはスフロ通りと命名されている。美術館や博物館のように展示品を陳列しているわけではないので、一般的な観光の対象ではない。近くからカメラを向けたり、正面を背景に記念写真を撮ったりする旅行客の姿が目に付くくらいだ。

もともとはカトリックの聖堂として計画され、当初はサント＝ジュヌヴィエーヴ教会になるはずだった。ところが革命が勃発すると、革命政府は建物の用途を変更し、聖堂ではなく、祖国の偉人を祀り、その功績を称えるための場所に変えた。その後の十九世紀は政治体制がめまぐるしく変遷し、そのつどパンテオンもカトリックの聖堂か、世俗の霊廟か、あるいは単にうち棄てられるかという、運命の変転を経験した。とりわけ第一帝政と第二帝政は、皇帝自身の権力の正当性に抵触する危険があったことから、過去の偉人を崇拝するという姿勢には懐疑的だった。最終的に祖国フランスの栄光に何らかの意味で寄与した人物の遺体を安置し、偉人崇拝を制度化する「霊廟」として確立したのは、第三共和政初期の一八八五年、死去した国民的作家ヴィクトル・ユゴーが国葬に付され、ただちにその遺骸がパンテオンに納められて以降のことである。

その厳かな役割を象徴するのが、正面ペディメントに大きく刻まれている「偉人たちに、祖国は感謝する Aux grands hommes, la patrie reconnaissante」という一句にほかならない。現在パンテオンの地下納骨堂には、およそ七十人の偉人が眠っている。もっとも最近そこに遺骸が移葬されたのは、『三銃士』や『モンテ＝クリスト伯』の作家として日本でも名高いアレクサンドル・デュマで、二〇〇二年、彼の生誕二百年にあたる年のことだった。誰をパンテオンに祀るかは時の政府と元首が決めることであり、その決定は文字どおり国家の管轄なのだ(1)。

当初の目的を無視してまで祖国の偉人を祀ることを優先し、その建造物を二世紀以上にわたって維持してきた国家は、パンテオンを今でも現に使用し、将来も新たな偉人をそこに迎え入れるだろう。「偉人たちに、祖国は感謝する」という一句は、国家と偉人の密接な絆を証言し、さらには国家こそが歴史上の偉人を定義する権利を正当に有するということを、高らかに宣言しているように見える。

ではいったいフランスでは、歴史上の偉人がどのように誕生し、人々の記憶のなかに留められてきたのだろうか。

十九世紀と偉人の創造

フランスで歴史上の一連の英雄と偉人の肖像が練り上げられ、「国民の偉大な物語」（コルバン）としての歴史学が体系化されたのは、革命後の十九世紀である。フランス革命からナポレオン帝政（一八〇四―一五）の時代を経て、人々は人間の存在と社会の動きが歴史状況に強く規定されると自覚するようになった。そのような歴史意識の覚醒は、まさにこの時代にヨーロッパで近代的な「国民国家」が誕生したことと並行する。フランス語の「国民 nation」、「国民性 nationalité」という語が流布しはじめたのが、まさにこの時代である。十九世紀前半のヨーロッパの歴史家たちは、それぞれの国において君主や王侯貴族、つまり支配者たちの歴史は語られてきたが、国民の歴史、市民の歴史はまだ書かれていないと痛切に感じた。

新しく成立した国民の歴史を語ることこそが、今や歴史家の使命でなければならない——そのような認識は彼らに共通していた。当時のヨーロッパの歴史学が多くの場合、国家の起源を問いかけ、国民史の集大成をめざしたのはそのためである。フランスについて言えば、ギゾーが『フランス文明史』（一八二八）を、オーギュスタン・ティエリーが『第三身分の形成と進歩の歴史』（一八五三）を、そしてミシュレが膨大な『フランス史』（一八三三―六七）を著わしたのは、そうした状況を背景にしている。歴史学はその成り立ちからして、各国民の偉大な過去を掘り起こすことと繋がっていたのだ[2]。本書第一部の対話篇で、十九世紀に進展した英雄創造のプロセスに多くのページが割かれているのは、けだし偶然ではない。

プルタルコス的な英雄モデルに倣って、社会の公益性や人々の幸福に寄与した人物を偉人と称えた十八世紀に比して、十九世紀のロマン主義時代は、時代の精神を体現し、それによって民衆の指導者たりえた人間を偉人と定義した。偉人とは自分が生きている時代の要請を察知し、時代の希求を実現できる者であり、現在を未来へと繋ぐという意味で進歩の担い手でもある。ナポレオンがその代表と見なされたのは、言うまでもない。こうした英雄観、偉人観は、ヘーゲルが『歴史哲学講義』のなかでカエサルの業績に触れた後で下した次のような定義に近い。

歴史上の偉人とは、自分のめざす特殊な目的が、世界精神の意思に合致するような実体的内容をもつ人のことです。［中略］彼らは思考の人でもあって、なにが必要であり、なにが時宜にかなっているかを洞察している。洞察されたものは、まさに、その時代とその世界の真理であり、時代の内部にすでに存在する、つぎの時代の一般的傾向です。かれらの仕事は、世界のつぎの段階にかならずあらわれるこの一般的傾向を見てとり、それを自分の目的とし、その実現に精力をかたむけることです。(3)

要するに、ロマン主義的英雄とは時代の化身であり、象徴となるような人物ということになる。

しかし、偉人創出の過程でもっとも大きな変化が生じたのは第三共和政（一八七〇—一九四〇）、とりわけその初期のことである。一八七〇年の普仏戦争でナポレオン三世の第二帝政がもろくも瓦解し、共和政が宣言されたとはいえ、それに続く十年ほどフランスは絶えず王政復古の危機にさらされていた。王党派のマクマオンが一八七三年に大統領に選出されたことが、そのことをよく証言している。そうした状況のなかでかろうじて指導権を維持した穏健共和派は、共和国を堅固にするため、一八八〇年代に入ると共和主義的な心性と価値体系を市民に植えつけようと図った。

一八八〇年には、バスティーユ奪取の日である七月十四日を「革命記念日」と定め、祭典と軍事パレードを挙行することになったし、「自由・平等・友愛」という共和国の理想を示す標語が、公共建造物に刻まれるようにもなった。一八八五年、ヴィクトル・ユゴーが逝去した際に政府が国葬を執り行ない、遺骸をすぐにパンテオンに安置したのも、そうした政策の一環である。一八八九年には、フランス革命百周年を華々しく記念して、パリ万国博覧会が開催されている。フランス革命の精神を継承しようとした第三共和政は、十九世紀とそれ以前の時代を峻別しながらも、フランスの威信と国民の栄光に寄与した英雄、偉人を積極的に顕揚した。そのとき大きな役割を期待されたのが、教育とりわけ歴史教育である。

教育制度と歴史

第三共和政の政府は教育制度の改革に着手して、青少年に共和国の価値観を内面化させようとした。それまで主にカトリックの司祭が担っていた子供たちの教育を、国家が公教育の枠組のなかで引き受けようとしたのである。こうして一八八一―八二年、ときのジュール・フェリー内閣の下、初等教育の「無償・義務・非宗教性」を原理とするフェリー法が採択される。非宗教性とは、公立学校において宗教教育を行なってはならないという規則である。ちなみに公立学校におけるこの非宗教性の原理は現在でも尊重されており、それがときに論争につながる。数年前、パリ郊外の学校で、イスラム系の女生徒が戒律にしたがってスカーフを被って登校したことが発端で、社会問題になったことが想起される。

この法律は、それまで教育において主導的な役割を果たしてきたカトリック勢力と共和派のあいだに、教育現場における葛藤を誘発した。エミール・ゾラの作品『真理』(一九〇三年、死後出版)は、そのような歴史的経緯を背景にして書かれている。いずれにしてもフェリー法以降、小学校の教師は新たな共和国の子供たちを育成する重要な役割を期待される。彼らは歴史と地理の授業をつうじて「祖国」という観念を涵養し、自然科学の成果を教えることで、古臭い因習や迷信から子供たちの精神を解放することを求められた[4]。歴史教育と祖国愛が、不可分に結びついていた。

教育するには教科書が必要だ。第三共和政の教師たちに広く用いられたのが、ブリュノ著『二人の子供のフランス巡歴』(一八七七)という挿絵入りの読本教科書である[5]。

「義務と祖国」という副題を冠し、序文の冒頭に「祖国を知ることは、あらゆる真の公民教育の基礎である」という一文を掲げていることから分かるように、この著作は子供たちに祖国を可視的なものとして提示し、それをつうじて祖国フランスへの愛と奉仕を説くものだった。アルザス地方のある町から出発したアンドレとジュリアンという二人の少年の、勇敢な旅を物語の空間軸としながら、彼らが訪れる諸地方で営まれるさまざまな産業について記述し、その地方出身の歴史的人物や「偉人」のプロフィールを描く。それをつうじて祖国フランスを構成する地方の特性と価値を知らしめ、共和国市民に必要な知識を習得させることをめざしていた。地理と歴史の知が、「偉人」という装置をつうじて「フランス」という観念を具象化したのである。

この読本だけではない。フェリー法が成立した一八八〇年代から二十世紀初頭にかけて、歴史の教科書が数多く刊行された。週二〜三時間は歴史の学習に当てることが決定され、一八九〇年にはフランス史の教科書を使用することが義務づけられていたからである[6]。共和派の教育イデオロギーを代弁し、歴史教育の制度化に多大な貢献をした歴史家エルネスト・ラヴィスは、そのような趨勢のなかでみずから教科書を執筆した。他方で、私立学校を運営するカトリック側は、キリスト教道徳に依拠した歴史教科書を出版し続けた。共和主義的で世俗的な公立学校に子供を通わせたくない敬虔なカトリックの親は、子供にキリスト教的な教育を授けようとしたからである。

共和派の教科書とカトリック側の教科書では、歴史観に違いがあり、取り上げられる人物やその評価においても同じではない。しかしそのような差異を越えて、どちらも祖国への献身、愛国心を強調している点では共通しているし、その際に、歴史上の英雄や偉人の功績に触れて祖国の偉大さを称えていた。どちらの陣営の教科書においても、危機にあった祖国を救った英雄として聖王ルイ、ジャンヌ・ダルク、アンリ四世、そしてナポレオンを特筆したのはそのためである。もちろんこれらの人物は、本書『英雄はいかに作られてきたか』でも取り上げられている。

記念碑の時代

しかし、それだけではない。イデオロギー的な教育装置は、制度としての教育と教科書に限られなかった。より身近な公的空間にも、偉人崇拝を推進するものが据えられていた。彫像や記念碑である。

一九八〇年代初頭、筆者（小倉）がフランスで暮らし始めて間もない頃、ひとつのことに驚いたのをよく覚えている。町の広場や、街路の片隅や、公共建造物の玄関あるいは中庭などに、やたらに彫像が設置されていたことだ。フランスを訪れる観光客も、注意深い人ならば同じ印象を抱くだろう。それは共和政を象徴する寓意像（たとえばマリアンヌ像）や、とりわけ昔の国王、軍人、政治家、芸術家、科学者などいわゆる偉人の彫像だった。寓意像やルイ十四世の騎馬像などはしばしば見上げるほどの大きさで、町の中心部に位置する広場に鎮座している。フランスの都市にはあちこちに広場があり、道路は広場どうしを繋ぐように整備されているから、彫像はいやでも目立つのである。共和政や、正義や、勝利といった抽象的概念を可視化する寓意像の伝統がない日本からやって来た学生の目には、都市空間に遍在する石像や銅像は奇異なモニュメントに映ったのだった。

こうした彫像がフランスで飛躍的に増えたのは十九世紀以降、とりわけ第三共和政の時代である。十八世紀末までは、国王の勇壮な騎馬像や聖人の彫像が多く造られていたが、革命を経て十九世紀に入ると、軍人や文民を顕彰する記念像が増えてくる。七月王政（一八三〇―四八）や第二帝政（一八五二―七〇）の時代には将軍や皇帝を顕彰することもあったが、しだいに功績著しい科学者や、著名な芸術家や、作家を称える像が多数をしめるようになっていく。こうした彫像はすべて、国家や市町村など公的機関からの正式な注文品として据えられたのであり、その潮流が第三共和政期に頂点に達したのだった。したがってこの時代、彫刻家には公的機関から少なからぬ注文が舞い込むことになり、彼らの生活を支えるのに役立った。[7] あのオーギュスト・ロダンも、そうした時代の恩恵に浴した一人だったのである。現代の歴史家たちは十九世紀末をしばしば「記念像狂《スタチュオマニ》」の時代と呼ぶ。

そこには、第三共和政の政治的思惑が深く絡まっていた。王党派、ボナパルト派、社会主義者、急進主義者など対立する諸勢力をかかえて、なかなか安定に至らなかった共和国は、国民の統一と連帯感を強化するために教育を重視し、芸術までそれに奉仕させようとした。広場や、公共建造物のなかに設置される彫像や記念碑は、誰の目にも触れるという意味で、市民意識を高めることが期待されたのである。共和国の理想を植え付けるためには、「自由」、「平等」、「進歩」などを目に見えるイコンで示し、祖国の栄光に寄与した偉人や英雄を記念碑として顕揚する必要があった。現代の歴史家モーリス・アギュロンの言葉を借りるならば、それは共和政下における市民教育の一環でさえあった。政治と芸術、イデオロギーとイコノグラフィーは密接に結びついていたのである[8]。

偉人たちの盛衰

ではいったい、フランスでは誰が偉人や英雄と見なされてきたのだろうか。本書では、古代から現代に至るまで三十人ほどの歴史的人物が取り上げられ、彼らの事績と、彼らに関する後世の評価の変遷が興味深く叙述されている。コルバンの議論と、フランス史の偉人たちについて考察を重ねてきたクリスチャン・アマルヴィの著作を参照すれば、およそ次のようになるだろう[9]。

偉人や英雄の生涯が子供たちにとって模範的な価値を有するというのは、教育学上のひとつの原理だろう。歴史的人物の事績を学ぶことで、子供たちが祖国フランスへの敬意と献身の念を抱くことが期待されていた。第三共和政期に出版された小学校の歴史教科書を精査したアマルヴィによれば、共和国政府は歴史教育をつうじて善良な市民と、勇敢な良き兵士を育てるため（普仏戦争で敗れたドイツへの対抗心から）、共和主義イデオロギーと祖国愛を教えこもうとした。教科書はその方針に沿って挿絵を多用し、幼い生徒たちの理解を助けようとしたという。

世俗的（つまり非カトリックの）教科書は、基本的にフランス革命と共和政の成果を中心に構成されている。

中世から十八世紀までは、いわば革命の前段階として位置づけられ、したがって王権に対抗してパリの自治の発展に尽くした十四世紀のエティエンヌ・マルセルや、宗教的狂信の時代に自由思想を唱えたとされる十六世紀のラブレーや、革命への思想的地ならしをしたヴォルテールや、ルソーや、チュルゴが称賛される。革命期の人物としてはミラボー、ロラン夫人、そしてとりわけダントンが高く評価され——そこにはおそらく、ミシュレの『フランス革命史』（一八四七—五三）が提示したダントン像が影響しているだろう——、その後ヨーロッパ諸国との戦争で武勲をあげたオッシュやクレベールなどの将軍たちにも、最大級の賛辞が捧げられる。十九世紀の人物としては歴史家ミシュレ、医学者パストゥール、政治家ガンベッタが偉人として特権視されている。知、科学、祖国愛を強調した共和主義的教科書は、君主や軍人や聖人ではなく、知識人や科学者や政治家を偉人に仕立てあげたのだった。

他方、カトリック側が出版する教科書ではだいぶ事情が異なる。

歴史をめぐって摂理史観に依拠するこれらの教科書は、貧者の救済に尽くした聖ヴァンサン・ド・ポールや、宗教思想家フェヌロンを褒めたたえる。中世の聖王ルイやジャンヌ・ダルクは、倫理的、宗教的長所を具え、かつその行動によってフランスの国難を救った英雄である。カトリックの教科書は、彼らの敬虔さと聖性を強調する。共和派側も聖王ルイやジャンヌ・ダルクを称賛する点では一致しているが、それはあくまで祖国フランスを危機から救った英雄という意味においてであり、宗教的な聖性は等閑視する。異端裁判の末に火刑に処されたジャンヌ・ダルクは、共和派から見ればカトリック勢力の犠牲者にほかならない。

またカトリック側にとって、ルイ十六世や、ヴァンデ地方の住民は革命勢力によって迫害された無辜の犠牲者だが、共和派から見れば、歴史の進歩に盲目だった哀れな反動家にすぎない。そしてもちろんカトリックの教科書は、ヴォルテールやルソーなどの啓蒙思想家、ダントンやロベスピエールなどの革命家を完全に無視するか、不敬な無神論者として激しく断罪する。第三共和政初期には、このように相反するイデオロギーに依拠した二種類の歴史教科書が流布し、異なる偉人像を提示していたのだった。

同じくアマルヴィは、フランス国立図書館に所蔵されている十九世紀に刊行された一五〇〇冊余りの伝記の数を指標にして、偉人のリストを作成している。小学校の生徒に配布された歴史教科書と異なり、伝記は成人を中心とした一般人が想定される読者だから、体制のイデオロギー色はそれほど濃厚に出ないはずである。とはいえ、一定の傾向は看取される。偉人は皆、政治的、愛国的な業績を残し、宗教的あるいは倫理的な美徳を具えていた者たちであり、そうした人物の生涯を語ることで、伝記は歴史を愛国心と倫理的美徳を学ぶための手段として規定していたのだった。

全体として見れば、ナポレオンの人気は群を抜いていて（二〇五冊）、その次に位置するのがジャンヌ・ダルク（一九一冊）である。以下、聖ヴァンサン・ド・ポール（八五冊）、ヴィアネー神父（七〇冊）、聖ジュヌヴィエーヴ（六〇冊）と続く。聖人や聖職者が上位を占めているのは、伝記全体の半分以上にあたる約八〇〇冊が聖人の伝記、つまりカトリックの著者によって、カトリック信者のために書かれた伝記だからである。教育の分野では、世俗の教科書がしだいに優位を占めるようになるが、市販される伝記の分野ではカトリック系の出版社が勢力を保っていた。

他を引き離して一、二位に立つナポレオンとジャンヌ・ダルクだが、十九世紀半ばまではナポレオンに関する本が圧倒的に多いのに対して、世紀後半になると立場が逆転し、ジャンヌ・ダルクが上昇してナポレオンは凋落する。共和主義の時代に、軍事的な独裁者でもあったナポレオンをあからさまに英雄視するのは微妙だったことが分かる。また本書『英雄はいかに作られてきたか』に登場するアンリ四世(五一冊)、中世の武人バヤール(三三冊)、フランソワ一世(一六冊)なども上位を占める人物である。

カトリックの著者による伝記の多くが聖職者を対象にし、かなりの女性が含まれ、民衆階級出身の者が多い。逆に、啓蒙時代や革命期の人間は誰も取り上げられていない。他方、共和主義的な著者が好んで取り上げたのが、ヴォルテール(二〇冊)、ラマルティーヌ(一一冊)、ガンベッタ(一一冊)、ルソー(一〇冊)、ユゴー(九冊)などであり、学者や発明家も含まれているが、女性は選ばれていない。革命の理念と共和主義の理想を代表する人物たちが特権化されている、ということである。

二十世紀の状況――変化と恒常性

世紀が改まって、二十世紀のフランス人は誰を偉人と認識したのだろうか。

この点については、いくつかの世論調査が興味深い結果を示してくれる。本書の補遺には二十世紀初頭の一九〇六年、そして戦後間もない一九四八年と一九四九年のアンケート結果が掲載されている。その後、一九八〇年と一九九九年に、ジャン・ルキュイールとフィリップ・ジュタールが同

1980年

「もしあなたがフランス史上の人物と一時間話せるとしたら、誰を選びますか。」

	第一の選択（%）	第二の選択（%）	全体（%）
1 シャルル・ド・ゴール★	19,5	7,5	27
2 ナポレオン	13	8	21
3 ルイ十四世★	4	4	8
4 パストゥール★	3	2	5
5 アンリ四世★	2	3	5
6 シャルルマーニュ★	2	2	4
6 ジャンヌ・ダルク★	2	2	4
6 ヴィクトル・ユゴー★	2	2	4
9 ジャン・ジョレス★	2	1	3
10 聖王ルイ★	1,5	1,5	3
他の人物	7	19	26
無回答	26	38	64

「次のリストのうち、あなたが最も共感を抱く人物（複数回答可）は誰ですか。」

1 マリ・キュリー	53（%）
2 ジャンヌ・ダルク★	31
3 ジョルジュ・クレマンソー★	26
4 ジャン・ジョレス★	23
5 聖王ルイ★	21
無回答	10

「フランス史上の人物のうち、あなたが最も嫌いなのは誰ですか。」

1 ナポレオン	10（%）
2 ルイ十一世	6
2 ルイ十四世★	6
4 ロベスピエール★	5
5 ラヴァイヤック	4
5 ペタン★	4
7 ルイ十六世	3
無回答	61

種の調査を実施し、その結果がそれぞれ月刊の歴史雑誌『歴史《イストワール》』の翌年号に公表された。[10] 結果は右の表のとおりである。

質問は二種類あり、回答方法も異なる。フランス史上の誰と話したいかという質問は、その人物にたいする敬意ないしは関心の大きさを問うものである。選ばれた人物は政治家や、君主や、大統領が圧倒的に多く、回答者はその人物と話すことによって、彼（女）が国家の諸問題や危機に際してどのような意図で決断を下し、行動に移したかを知りたいということだろう。彼らが偉人であること、あるいは祖国に貢献したことを認めるからこそ、話をしたいという希望が表明されるのであ

1990年

「もしあなたがフランス史上の有名な人物と一時間話せるとしたら、誰を選びますか。」

1 シャルル・ド・ゴール★	29（%）
2 ナポレオン	17
3 ルイ十四世★	10
4 フランソワ・ミッテラン	8
5 シャルルマーニュ★	6
5 ジャック・シラク	6
7 アンリ四世★	5
8 マリ・キュリー	4
9 ジャンヌ・ダルク★	3
他の人物	49
無回答	15

「次のリストのうち、あなたが最も共感を抱く人物（複数回答可）は誰ですか。」

1 マリ・キュリー	52（%）
2 ジャン・ムーラン★	36
3 ジャンヌ・ダルク★	24
4 ジャン・ジョレス★	20
5 ジュール・フェリー	18
6 ウェルキンゲトリクス★	14
7 聖王ルイ★	13
7 ジョルジュ・クレマンソー★	13
無回答	4

る。それは歴史の真実あるいは舞台裏を知りたいという知的好奇心とも結びついている。ただしそれは、その人物が好きかどうかとは関係がない。現にナポレオンやルイ十四世は「嫌いな人物」としても、上位に名を連ねているのだから。

他方「共感を抱く」人物というのは、尊敬の念と同時に、書物やイメージを通じて伝承されてきた性格や事績が回答者に親しみを感じさせる、ということを意味するに違いない。しかもここでは、あらかじめ与えられた人物名のリストから選択することになっている（なお表に挙げた名前は網羅的ではなく、調査時点のリストにはもっと多くの人物名が載っていた）。以上のような差異を勘案しつつ、そして本書の補遺に掲載されている調査結果も参照すれば、二十世紀のフランス人が歴史上の偉人について抱いてきたイメージの変遷と恒常的要素を垣間見られる。

二十世紀後半における重大な変化は、シャルル・ド・ゴールとマリ・キュリーの評価が飛躍的に上昇したことである。

対独レジスタンスの英雄、そして大統領として戦後フランスの再建に尽力した政治家ド・ゴールは、現代のフランス人の目には典型的な偉人として映じている。彼が死んだのは一九七〇年だから、そのわずか十年後の世論調査でナポレオンやルイ十四を抜いて、フランス人が話をしてみたい歴史的人物の筆頭に躍り出たのである。一九九九年の「あなたが最も共感を抱く人物は誰か」という質問で、ジャン・ムーランが第二位につけているが、ムーランはド・ゴールの盟友としてフランス国内で対独レジスタンスを指導し、最後はゲシュタポに逮捕されて殺害された人間である。第二次世界大戦におけるドイツへの抵抗と、その後のフランスの解放は戦後フランスの出発点であり、だからこそ、そのときに活躍した二人の人物は現代フランス人の歴史的集合記憶を形成する核のひとつになっているのだ。ムーランが一九六四年にパリのパンテオンに恭しく移葬されたことも付言しておこう。

ド・ゴールが政治的偉人であるのに対し、マリ・キュリーは科学者であり、その業績が世界に恩恵をもたらした人物として多くの人々の共感を引き寄せている。一九四八年の調査でも名前は挙がっていたものの、彼女のランクは目立たないほど下位だった。第三共和政期であれば、人類に貢献した科学者として真っ先に名前が挙がったのはパストゥールである。それが一九八〇年、一九九九年に行なわれた「最も共感を抱く人物は誰か」という調査では、それまで女性の偉人としてはつねに一位を占めていたジャンヌ・ダルクを凌駕して、堂々トップの座を占めるに至った。社会における女性の台頭と、科学的業績の栄光のおかげで、彼女はフランス史の偉人リストのなかで名誉ある場所を占有するようになった。

偉人の政治的効用

二十世紀の数度にわたる世論調査をつうじて明らかになる恒常的な要素は、ナポレオン、ジャンヌ・ダルク、ルイ十四世、アンリ四世、ダントン、クレマンソー、ジャン・ジョレスらがつねに名誉ある位置を占めてきたことである。祖国を防衛し、国民の統一に務めた元首が評価されるのは当然だし、クレマンソーやジョレスのような左翼政治家が注目されるのは共和国の伝統であろう。もちろん詳細に辿れば、順位に変化は観察される。十九世紀に刊行された伝記の数から言えば圧倒的な首位に立っていたナポレオンとジャンヌ・ダルクだが、一九四九年の調査では首位を維持しているとはいえ、相対的なものに留まっている。そして一九八〇年と一九九九年には、ナポレオンが首位の座をド・ゴールに譲り渡し、ジャンヌ・ダルクの支持率はかなり低下した。いずれにしてもこの二人はフランス史上の伝説的、ほとんど神話的な英雄として揺るぎない地位を享受している。

同じことはルイ十四世についても言える。一九八〇年の調査では、この絶対君主にたいして六パーセントのフランス人が共感を覚える一方で、まったく同数の人が嫌悪感も抱いていたことが分かる。しかし一九八〇年でも一九九九年でも、話をしてみたい歴史上の人物としてはいずれもド・ゴールとナポレオンに次いで三位につける。その位置は無視できない。さまざまな毀誉褒貶があるとはいえ、彼は外交、軍事、経済において十七世紀フランスの繁栄を基礎づけ、ヴェルサイユ宮殿を中心としてフランス文化の光輝をヨーロッパ中に煌めかせたという意味で、歴史上の偉人なのである。

世論調査が明らかにする偉人リストは、単なるジャーナリズム的話題に留まらない。それはフランス国民が誰を、どのような基準で評価し、誰に親近感を抱くかを示すかぎりにおいて、フランス人の国民感情と、国民的記憶の輪郭を露呈するものだ。そうした国民的記憶は、かなりの程度は学校における歴史教育によって形成されるが、それがすべてではない。伝記や、歴史小説のような文学作品、テレビや映画といったメディアによる歴史の映像化なども、そこに少なからず寄与してきたのである。

十九世紀から二十世紀初頭にかけて、世俗的勢力とカトリック陣営では、フランス史の偉人の認識において明瞭な違いがあった。世俗的勢力の内部においても、王党派、ボナパルト派、社会主義者、穏健共和派、急進共和派では、誰を評価し、誰を批判するかという点で無視しがたい差異が認められる。そしてまた長い歴史のスパンで見れば、軍人、君主、宰相、聖人が崇拝された十九世紀に比して、二十世紀には優れた政治家や、科学者や、文学者への崇敬の念が高まった。さらに二十一世紀の現代では、さまざまな差別への反対運動を主導する人物や、人道主義的な活動にいそしむ人物（たとえばフランスのピエール神父や、インドのマザー・テレサ）を英雄視する風潮が強いことは、コルバンも指摘するとおりである。

こうした変化は歴史認識に留まる問題ではなく、同時に、倫理と政治をめぐる市民の意識の変遷を映しだしてもいるだろう。アマルヴィが強調するように、[11] たとえばアングロ＝サクソン諸国と比較した場合、フランスでは歴史上の人物にたいする評価の振幅が大きいのである。フランス革命以来、フランスでは歴史解釈が同時代のさまざまな政治問題や社会問題に影響されやすい。歴史学はしばしば政治的な武器であり、イデオロギー的な闘争の手段だった。まったく中立的な、誰をも納得させる歴史解釈というものはない。それはわれわれ日本人も、中国や韓国との関係で痛感させられていることである。

過去はつねに再解釈され、歴史の記憶は絶えず刷新されなければならない。一九八〇—九〇年代のフランスで出版された、ピエール・ノラの監修によるシリーズ『記憶の場』全七巻は、まさに二十世紀末のフランス人が自分たちの過去を読み直そうとした壮大な、そして見事な企図だった。[12] そこでは現実の事件や、出来事や、人物がどのようにして歴史の表象に転化していったか、そしてフランス文化なるものがいかにして国民意識の醸成と並行しつつ形づくられたかが、個別の主題にそくして考察されている。

偉人の記憶と表象に関して言うならば、ギゾー、オーギュスタン・ティエリー、ラヴィス、アナール学派など、歴史学と歴史教育を形成した歴史家たちの業績と思想が論じられ、フランス人の歴史認識の推移が分析の俎上に載せられた。パンテオンや、ヴェルサイユや、ルーヴル宮殿など、フランス史を凝縮するモニュメントの誕生と政治的争点も解説されていた。そうしたモニュメントもまた、フランス史の英雄や偉人たちを市民の記憶に植え付けるのに役立ってきたのである。

フランス人は日本人よりも歴史にこだわる国民であり、コルバンの言葉を借りるならば「国民の偉大な物語」に執着する国民である。過去を記憶し、その記憶を必要に応じて想起するために、歴史上の偉人や英雄の名前が持ち出される。彼らを称える記念碑や彫像が造られ、彼らの伝記が書かれるだけではない。町の広場や通りに彼らの名前が付けられ、学校や、大学や、公共施設までが固有名を冠する。フランス各地に「ジュール・フェリー小学校」や、「ジャン・ジョレス中学校」や、「ジャン・ムーラン高校」がある。パリ第五大学は別名「ルネ・デカルト大学」という。

二十世紀末時点で、通りの名前になっている人物名の上位十人はド・ゴール、パストゥール、ユゴー、ジョレス、ガンベッタ、フェリー、ラマルティーヌ、クレマンソー、ゾラ、そしてヴォルテールの順である。[13] まさしく共和主義的で、同時にいかにも文学的ではある……。このうちユゴー、ジョレス、ガンベッタ、ゾラ、ヴォルテールは偉人の霊廟パンテオンに祀られているし、パストゥール、ラマルティーヌの場合は、かつて公式にパンテオンへの移葬が提案されながら実現しなかった、ということを付言しておこう。[14] 上位十人のうち半数がすでにパンテオンに祀られており、もう二人はかつて移葬が提案されたというのは、通りの名称そのものがパンテオン的状況にあるということである。フランスでは、通りの名称を記したプレートが慣習的に家や建物の壁に設置されるが、そのプレートは、フランス史の偉人に向けられたつつましい、そして同時に雄弁なオマージュにほかならない。

しかしながら歴史上の偉人の記憶を保ち、継承するのにもっとも貢献してきたのは、教育であり、教科書や事典である。偉人の地位は自然発生的に与えられるのではない。それは意図的に創造され、制度によって継承され、ときには政治体制によって変更を加えられてきた。偉人の死後の運命には、フランス人の国民的記憶と歴史意識が凝縮されているのである。

坂本龍馬と織田信長

ではひるがえって、日本ではどうなのだろうか。日本人が歴史上の英雄や偉人をどのように捉えているか垣間見るために、最近実施された二つのアンケート調査の結果から話を起こそう。

まずは二〇〇五年に、あるビール会社が顧客を相手にインターネットをつうじて、「一度で良いから、お酒を飲み交わしたい歴史上の人物は誰か?」という質問を発した。ビール会社だから、お酒を飲み交わしたい相手という設問になったわけだが、より広く解釈すれば、市民が歴史上のどのような人物に関心を抱いているかを示してくれる問いかけである。

一位は坂本龍馬で十三・一%、二位は織田信長で十一・四%、以下聖徳太子、徳川家康と続く。一位から三位までは、男女別の回答数をみても同じ順位であり、幅広い支持を得ていることが分かる。幕末の多難な時代に国家の運命を考察し、日本が辿るべき途に想いを馳せた龍馬に、日本人は老若男女を問わず強い親近感を覚えている。信長は乱世の時代に強靭な指導精神を発揮した人物として、とりわけ男性の支持が高い。龍馬の豪放磊落な性格、信長が因習の弊害を憂えて進取の気性に富んでいたことも、この二人にたいする共感を増すのに貢献しているだろう。

第二のアンケート調査はより最近のものである。二〇一〇年九月十八日付けの『朝日新聞』に掲載された記事で、「お墓参りしたい歴史上の偉人は誰か?」という質問にたいする回答の結果が公表されている。一位は坂本龍馬（五八九票）、二位は織田信長（四四八票）、そして三位は手塚治虫（三七七票）、以下は夏目漱石、徳川家康、真田幸村、上杉謙信、伊達正宗と続く。ここでも一位と二位は変わらず、二人が圧倒的な人気を誇っていることが分かる。「お墓参りしたい歴史上の偉人は誰か?」という質問は、回答者からみて尊敬に値する人物は誰かという内容を含意しており、だからこそ明瞭に「偉人」という言葉も使用されているのだろう。

一緒に酒を飲みたいと、墓参りをしたいとでは、回答者が選ぶ基準が異なる。前者はその人物にたいする親近感の表われ、ないしはありうべき相談相手としての期待感の表明であり、後者はとりわけ人物の業績に向けられた尊敬の念を証言するものだろう。親近感や期待感であれ、尊敬であれ、龍馬と信長が絶大な支持を得ていることはあらためて強調するに値する。

歴史上の偉人や英雄は自然に生まれるのではなく、作られる。偉人や英雄は、そのようなものとして描かれ、語られ、論じられるからこそ偉人や英雄として祀り上げられるのだ。たしかに現代の歴史学は偉人崇拝とは無縁だし、そもそも特定の人物を特権化することにきわめて懐疑的な態度を示す。歴史を動かすのは一部の個人ではなく、国民や集団であるという認識がその基底にある。しかしながら、小学校から高校までの学校で使用されている歴史教科書においては、個人の名前が特筆され、その事績が際立たせられる。生徒たちは、歴史の流れを偉人たちの行為の連続として把握することに慣れている。

歴史と偉人の繋がりを強めているもうひとつの制度は、文学と映像である。文学作品や、テレビ番組や、映画が歴史上の人物を取り上げ、その事績を物語り、映像化することで、読者と視聴者は過去の人物と一体化し、ときには理想化する。わが国の例で言えば、歴史小説が数多く書かれ、多くの読者に恵まれているし、テレビは歴史ドラマや、歴史に関する教養番組を好んで放送する。その代表が、NHKで毎週日曜の夜、一年間にわたって放送される「大河ドラマ」であることに、異論の余地はないだろう。

「大河ドラマ」では、長い日本歴史のなかから三つの時代が繰り返し映像化されてきた。すなわち源平争乱、戦国時代、そして幕末・明治維新の時代である。先に触れたようなアンケート調査で、この時期に活躍した人物たちがつねに上位に名を連ねるのは偶然ではない。そして「大河ドラマ」の原作は多くの場合、人気作家が執筆したものであり、文学と映像の結びつきは日本人の歴史意識の形成にあたって、無視しがたい貢献をしていると思われる。司馬遼太郎の作品が今でも読み継がれる歴史小説の古典となり、しばしば「大河ドラマ」の原作を提供してきたのは、それが一種の英雄史観に依拠しており、日本人のナショナリズムを快く刺激するからである。

実際、坂本龍馬が歴史上の偉人あるいは英雄として根強い人気を博しているのは、司馬の代表作

『竜馬がゆく』（一九六三―六六）の成功なしには考えられない。歴史的に見れば、龍馬にたいする高い評価はけっして恒常的なものではなかった。飛鳥井雅道によれば、死後の龍馬像はその時々の社会・政治情勢におうじて変化してきたという。維新直後は急速に忘れ去られ、土佐派のなかでも明治新政府のなかでも、マージナルな存在としてその影が薄れていった。それが明治十年代以降、自由民権運動の先駆者として板垣退助らに高く評価され、大正時代末期にはデモクラシーを先取りし、平和的な革命論を唱えた思想家としてあらためて脚光を浴びた。そして戦後になると、楽天的で、豪放で、藩などの既存体制から自由な立ち位置を維持し、時代を突き抜けた風雲児としてのイメージが定着して今日に至る(15)。その風潮を決定づけたのが司馬遼太郎の小説なのである。

日本における偉人の伝統

その多くが大学人である現代の歴史家たちは、もはや偉人や英雄という概念を援用することはない。現代歴史学は社会の動きや構造、一般市民の心性、家族の変遷などに関心を抱くのであり、特定の個人を特権視することは周到に避ける。傑出した人物が存在したのは事実としても、それはあくまで集団や社会や国家の一員という位置づけである。戦後の民主主義と、歴史学における民衆史観は、歴史上の人物を過度に英雄視したり、祀りあげたりすることを許さなかった。それは学校の歴史教育にも反映されてきた。

しかし日本でも、偉人が敬われ、その銅像が各地で造られ、公共の場に設置された時代があった。明治三十年代から太平洋戦争勃発までの時期、つまり二十世紀前半である。

江戸時代までは、宗教的人物や皇族を木像や石像で表現するという慣習があり、それは礼拝の対象だった。他方、銅像は西洋の彫像術に倣い、その表現技法と精神を学んだ人たちによって、二十世紀に入ってから造られるようになった。それは俗人の像であり、したがって礼拝の対象ではなかったが、都市空間の形成にともなって屋外に置かれたのだった。楠木正成や西郷隆盛など時代の節目に登場した英雄的人物の像や、日露戦争で戦功を挙げた軍人の像もあったが、その多くは地元出身の実業家の銅像だったという[16]。立身出世主義の風潮が強かった時代に、都会に出て成功し、実際的な利益とともに故郷に帰還した者が「偉人」とされたのだ。偉人とは、時代の価値観がもたらす偶像の表象にほかならない。

現代の歴史学にとって、偉人は学問的な概念ではないし、歴史叙述をするうえで不可欠な人物でもない。しかし、一般市民のあいだでは偉人が、あるいは偉人の幻想が生き続けている。学問の世界における偉人の不在は、司馬遼太郎的な歴史小説や、「大河ドラマ」に代表されるテレビの歴史番組によって償われているのである。

＊

本書は、Alain Corbin, *Les Héros de l'histoire de France expliqués à mon fils*, Seuil, 2011. の全訳である。著者コルバンの指摘にもとづいて、いくつか事項を訂正した。「日本語版への序文」を執筆してくれたことと併せて、コルバンに感謝したい。

翻訳の分担について言えば、第一部を梅澤礼、第二部を小池美穂が担当し、全体にわたって小倉が目を通して、表記などの統一に当たった。各項目の冒頭に置かれた人物略歴は、日本の読者の便宜を考えて小倉が付加したもので、原著にはない。巻末の年表についても同様であり、適宜参照していただければ幸いである。また図版は原著にはなく、やはり小倉が選んで添えた。人物の肖像画や写真のほかに、十九世紀末から二十世紀初頭にかけて刊行された歴史教科書から、一定数の挿絵を採録しておいた。第三共和政期はフランスにおける偉人顕揚が頂点に達した時代であり、教科書の挿絵はそうした時代の精神をあざやかに証言しているからである。かなりの長文になってしまったこの「解題」は、原書のタイトルからすれば一見いかにも反時代的な、しかしフランス人の歴史意識を理解するうえで、実際はきわめて先鋭で現代的な本書の射程を自分なりに把握し、読者に伝えたいという意図に由来する。

最後になったが、編集を担当してくれた藤原書店編集部の小枝冬実さん、そして邦訳の作成に関していろいろ助言してくれた藤原書店社長・藤原良雄氏にこの場を借りて謝意を表したい。

二〇一四年二月

訳者を代表して

小倉孝誠

注

（1）パンテオンの歴史と変遷については、次を参照されたい。長井伸仁『歴史がつくった偉人たち――近代フランスとパンテオン』山川出版社、二〇〇七年。Mona Ozouf, « Le

Panthéon », *Les Lieux de mémoire*, « *La République* », Gallimard, 1984. 邦訳はモナ・オズーフ「パンテオン　死者たちのエコール・ノルマル」長井伸仁訳、ピエール・ノラ編『記憶の場』第二巻、谷川稔監訳、岩波書店、二〇〇三年、一〇五―一三七頁。

（2）十九世紀フランスの歴史学の課題については、次の著作を参照していただきたい。飯塚勝久『フランス歴史哲学の発見』未來社、一九九五年。小倉孝誠『歴史と表象』新曜社、一九九七年、第二章。大野一道『「民衆」の発見』藤原書店、二〇一一年。Boris Reizov, *L'Historiographie romantique française 1815-1830*, Moscou, Éditions en langue étrangère, s.d.; Jean Walch, *Les Maîtres de l'histoire*, Champion-Slatkine, 1986.

（3）ヘーゲル『歴史哲学講義』（上）長谷川宏訳、岩波文庫、一九九四年、五八―五九頁。

（4）この点については、谷川稔『十字架と三色旗』山川出版社、一九九七年、を参照のこと。また特に歴史教育を主題にしているわけではないが、次の著作はリヨンを例に、十九世紀フランスの教育制度とその精神を論じたすぐれた研究である。前田更子『私立学校からみる近代フランス　十九世紀リヨンのエリート教育』昭和堂、二〇〇九年。

（5）G. Bruno, *Le Tour de la France par deux enfants*, Eugène Belin, 1877.

（6）渡辺和行『近代フランスの歴史学と歴史家』ミネルヴァ書房、二〇〇九年、三〇一頁。渡辺は第三共和政初期に刊行された歴史教科書二十八冊を分析しながら、「政治的英雄」、「国民的英雄」、「軍事的英雄」を区別している。

（7）Cf. June Hargrove, « Les statues de Paris », *Les Lieux de mémoire*, « *La Nation* », t. III, 1986. 邦訳はジューン・ハーグローヴ「パリの彫像」杉本淑彦訳、ピエール・ノラ編『記憶の場』第三巻、谷川稔監訳、岩波書店、二〇〇三年。

（8）Maurice Agulhon, *Marianne au pouvoir. L'imagerie et la symbolique républicaines de 1880 à 1914*,

Flammarion, 1989.

（9）以下の記述は次の論考に拠る。Christian Amalvi, *Les Héros de l'histoire de France. Recherches iconographiques sur le panthéon scolaire de la Troisième République,* Ed. Phot'œil, 1979; Christian Amalvi, « L'exemple des grands hommes de l'histoire de France à l'école et au foyer（1814-1914）», *Romantisme*, No. 100, 1998.

　なお、偉人や英雄にたいする崇拝の歴史を古代から現代まで辿った書物として、次のものがある。Georges Minois, *Le Culte des grands hommes. Des héros homériques au star system*, Audibert, 2005. とりわけ第三共和政期における偉人創出の問題は、第十三章で論じられている。

（10）Jean Lecuir et Philippe Jutard, « Les héros de l'histoire de France », *L'Histoire*, n° 33, avril 1981, pp. 107-109; Jean Lecuir et Philippe Jutard, « Le palmarès de la mémoire nationale», *L'Histoire*, n° 242, avril 2000, pp. 33-35. この調査結果は次の著作に再録されている。Christian Amalvi, *Les Héros des Français. Controverses autour de la mémoire nationale*, Larousse, 2011, pp. 412-415.

（11）Christian Amalvi, *Les Héros des Français. Controverses autour de la mémoire nationale*, Larousse, 2011, p. 279.

（12）Pierre Nora（sous la direction de）, *Les Lieux de mémoire*, 7vol., Gallimard, 1984-92. 邦訳はピエール・ノラ編『記憶の場——フランス国民意識の文化＝社会史』（抄訳）全三巻、谷川稔監訳、岩波書店、二〇〇二—二〇〇三年。

（13）Christian Amalvi, *Les Héros des Français. Controverses autour de la mémoire nationale*, Larousse, 2011, p. 418.

（14）長井伸仁、前掲書、一四一—一四三頁。

(15) 飛鳥井雅道『坂本龍馬』平凡社、一九七五年。
(16) 田中修二(監修・解説)『銅像写真集　偉人の俤』(資料篇、一九二八年)ゆまに書房、二〇〇九年、「解説」。なお日露戦争以降の戦争が生んだ英雄「軍神」については、次の書に詳しい。山室健徳『軍神　近代日本が生んだ「英雄」たちの軌跡』中公新書、二〇〇七年。

フランス史年表

本書で取り上げられた人物、言及された出来事を中心にした年表である。

小倉孝誠 作成

年代	出来事
前九世紀	ケルト人、ガリア地方（現在のフランス）に移住。
前五二	ウェルキンゲトリクス★、ガリア軍を率いて蜂起するが、カエサル★が指揮するローマ軍にアレシアで敗れる。
五世紀	ゲルマン諸部族がヨーロッパに進出。
四七六	西ローマ帝国滅ぶ。
四八六	クローヴィス★、メロヴィング王朝を創始する。
四九六	クローヴィス★、カトリックに改宗。
七七八	シャルルマーニュ★のスペイン遠征。
七八二	宮廷を中心に、カロリング・ルネサンスが始まる。
八〇〇	教皇レオ三世によって、シャルルマーニュ★が西ローマ皇帝として戴冠する。
一〇九六	第一回十字軍始まる。
一二二六	聖王ルイ★即位。
一二四八	聖王ルイ★、第七回十字軍に参加。二年後、エジプトで捕虜になる。
一二七〇	聖王ルイ★、第八回十字軍に参加するが、チフスのためチュニスで死去。
一三三九	フランスとイギリスの百年戦争が始まる（〜一四五三）。
一三七〇年代	デュ・ゲクラン★、国王シャルル五世と共にしばしばイギリス軍を破る。
一四二九	ジャンヌ・ダルク★、フランス軍を率いてオルレアンを解放。シャルル七世、ランスで戴冠。

一四三〇	ジャンヌ・ダルク★、コンピエーニュで捕えられ、イギリス軍に引き渡される。
一四三一	ジャンヌ・ダルク★、ルーアンで火刑に処せられる。
一五一五	フランソワ一世★、マリニャーノでスイス軍に勝利。騎士バヤール★が活躍する。
一五三九	ヴィレール＝コトレの王令
一五七二	聖バルテルミーの虐殺。新教徒が数多く殺される。宗教戦争が激しくなる。
一五八九	アンリ四世★が即位し、ブルボン朝を創始。
一五九三	アンリ四世★、カトリックに改宗。
一五九八	ナントの王令により、新教徒に信仰の自由が認められる。宗教戦争が終結。
一六一〇	ルイ十三世即位。
一六二四	リシュリュー★、宰相に就任。
一六四三	ルイ十四世★即位。マザラン★、宰相に就任。

一六四八	ウェストファーレン条約により、フランス、アルザスを獲得する。 フロンドの乱（〜一六五二）
一六六五	コルベール、財務総監になる。
一六八二	宮廷がヴェルサイユに移転し、以後、宮廷文化が栄える。
一六八五	ナントの王令廃止。
一七一五	ルイ十五世即位。
一七七四	ルイ十六世即位。
一七八九	パリの民衆がバスティーユ要塞を攻撃、フランス革命が始まる。
一七九二	王政廃止。
一七九三	一月にルイ十六世、十月にマリ＝アントワネットが処刑される。 山岳派の支配が始まる。
一七九四	四月、ダントン★処刑。七月、テルミドールの反動、ロベスピエール★処刑される。

一八〇〇	ナポレオン、マレンゴの戦いで勝利。
一八〇一	ナポレオン、教皇ピウス七世と政教協約（コンコルダート）を結ぶ。
一八〇四	民法典発布。ナポレオン、皇帝に即位。
一八一二	ナポレオンのロシア遠征が失敗に終わる。
一八一五	ナポレオン退位、セント＝ヘレナ島に配流。
一八二〇	ラマルティーヌ★、『瞑想詩集』を刊行。
一八三〇	七月革命。ルイ＝フィリップによる七月王政が成立。
一八四八	二月革命により第二共和政成立。ラマルティーヌ★、外務大臣となる。十二月、ルイ・ナポレオンが大統領に選出される。
一八五一	ルイ・ナポレオンのクーデタ。翌年ナポレオン三世★となり、第二帝政始まる。ユゴー★がクーデタに抗議して、国外に亡命する。

一八五三	オスマン、セーヌ県知事に就任し、以後パリの都市改造に当たる。ユゴー★、『懲罰詩集』でナポレオン三世★を断罪。
一八六二	ユゴー★、『レ・ミゼラブル』を刊行。
一八六七	パリで万国博覧会が開催される。
一八七〇	普仏戦争。フランスは敗れて、第二帝政が崩壊。九月、共和政宣言。ガンベッタ★が臨時国防政府の一員として活躍。
一八七六	下院選挙で、ガンベッタ★率いる共和派が勝利。
一八八一	ガンベッタ★、内閣首班となる。化学研究の功績により、パストゥール★、アカデミー・フランセーズに選出される。
一八八五	ユゴー★死去、国葬に付される。
一八八八	パストゥール★研究所設立。
一九〇四	ジョレス★、『ユマニテ』紙創刊。

一九〇五	統一社会党が結成され、ジョレス★が指導者になる。
一九〇六	クレマンソー★内閣成立。
一九一二	モロッコを保護国化、リヨテ★が総監に任命される。
一九一四	第一次世界大戦勃発。
一九一六	リヨテ★、陸軍大臣。
一九一七	ペタン★、フランス軍総司令官に任命。 ギヌメール★の乗った軍用機が撃墜される。
一九一八	三月、フォッシュ★、連合軍最高司令官になる。
	十一月、第一次世界大戦終結。
一九一九	ヴェルサイユ条約締結に際して、クレマンソー★が活躍。
一九三〇	メルモーズ★、飛行機で南大西洋を渡る。
一九三一	パリで植民地博覧会が開催される。
一九三四	ペタン★、陸軍大臣。

一九三九	第二次世界大戦勃発。
一九四〇	ド・ゴール★、ロンドンで「自由フランス」を結成して、ドイツへの徹底抗戦を呼びかける。ペタン★が首班となり、ドイツに
	協力的なヴィシー政府成立。
一九四一	ルクレール★、フランス領赤道アフリカの軍事司令官となる。
一九四二	ムーラン★、フランス国内での対独レジスタンス運動を指揮する。
一九四三	ムーラン★、ゲシュタポに検挙され、拷問の末に死去。
一九四四	連合軍、ノルマンディーに上陸。 ルクレール★、機甲師団を率いてパリ入城。
一九四五	ペタン★に死刑宣告。 ド・ゴール★を首班とする内閣成立。
一九五八	ド・ゴール★、大統領に選出。
一九六五	大統領選挙でド・ゴール★再選。
一九六九	ド・ゴール★、大統領を辞任。

著者紹介

アラン・コルバン（Alain Corbin）

1936年、フランスのオルヌ県に生れる。カーン大学卒業後、歴史学の教授資格取得（1959年）。リモージュのリセで教えた後、トゥール（フランソワ・ラブレー）大学教授として現代史を担当（1972―1986）。1987年よりパリ第一（パンテオン・ソルボンヌ）大学教授として、モーリス・アギュロンの跡を継いで19世紀史の講座を担当した。現在、パリ第一大学名誉教授。アラン・コルバンは“感性の歴史家”としてフランスのみならず西欧世界の中で知られている。近年は、『身体の歴史』（全3巻）や『男らしさの歴史』（全3巻）の監修者として、多くの若い歴史学者の中心的存在として活躍している。

主な著書として、『娼婦』『においの歴史』『浜辺の誕生』『時間・欲望・恐怖』『人喰いの村』『音の風景』『記録を残さなかった男の歴史』『風景と人間』『快楽の歴史』（いずれも藤原書店刊）などがある。

監訳者紹介

小倉孝誠（おぐら・こうせい）
1956年生まれ。1987年、パリ第4大学文学博士。1988年、東京大学大学院博士課程中退。現在、慶應義塾大学文学部教授。専門は近代フランスの文学と文化史。著書に『「感情教育」歴史・パリ・恋愛』（みすず書房、2005年）、『身体の文化史』（中央公論新社、2006年）、『犯罪者の自伝を読む』（平凡社新書、2010年）、『愛の情景』（中央公論新社、2011年）など。また訳書にコルバン『音の風景』（藤原書店、1997年）、フローベール『紋切型辞典』（岩波文庫、2000年）、ユルスナール『北の古文書』（白水社、2011年）など多数ある。

訳者紹介

梅澤 礼（うめざわ・あや）
1979年生まれ。上智大学出身。ベルギー政府奨学生、フランス政府奨学生を経て、2012年、パリ第1大学史学博士。現在、日本学術振興会特別研究員PD、上智大学非常勤講師。専門は19世紀フランスの文学と犯罪学。

小池美穂（こいけ・みほ）
1977年生まれ。2011年パリ第10大学文学博士。同年、慶應義塾大学大学院博士課程単位取得退学。現在、慶應義塾大学・中央大学非常勤講師。専門はルネサンス文学。

英雄《えいゆう》はいかに作《つく》られてきたか　フランスの歴史《れきし》から見《み》る

2014年3月30日　初版第1刷発行©

監訳者　小倉孝誠
発行者　藤原良雄
発行所　株式会社 藤原書店

〒162-0041　東京都新宿区早稲田鶴巻町523
電　話　03（5272）0301
ＦＡＸ　03（5272）0450
振　替　00160 - 4 - 17013
info@fujiwara-shoten.co.jp

印刷・製本　中央精版印刷

落丁本・乱丁本はお取替えいたします
定価はカバーに表示してあります
Printed in Japan
ISBN978-4-89434-957-5

コルバンが全てを語りおろす

感性の歴史家アラン・コルバン

A・コルバン
小倉和子訳

飛翔する想像力と徹底した史料批判の心をあわせもつコルバンが、「感性の歴史」を切り拓いてきたその足跡を、『娼婦』『においの歴史』から『記録を残さなかった男の歴史』までの成立秘話を交え、初めて語りおろす。

四六上製　三〇四頁　二八〇〇円
（二〇〇一年一一月刊）
◇978-4-89434-259-0

HISTORIEN DU SENSIBLE　Alain CORBIN

「感性の歴史家」の新領野

風景と人間

A・コルバン
小倉孝誠訳

歴史の中で変容する「風景」を発見する初の風景の歴史学。詩や絵画などの美的判断、気象・風土・地理・季節の解釈、自然保護という価値観、移動速度や旅行の流行様式の影響などの視点から「風景のなかの人間」を検証。

四六変上製　二〇〇頁　二二〇〇円
（二〇〇二年六月刊）
◇978-4-89434-289-7

L'HOMME DANS LE PAYSAGE　Alain CORBIN

五感を対象とする稀有な歴史家の最新作

空と海

A・コルバン
小倉孝誠訳

「歴史の対象を発見することは、詩的な手法に属する」。十八世紀末から西欧で、人々の天候の感じ取り方に変化が生じ、浜辺への欲望が高まりを見せたのは偶然ではない。現代に続くこれら風景の変化は、視覚だけでなく聴覚、嗅覚、触覚など、人々の身体と欲望そのものの変化と密接に連動していた。

四六変上製　二〇八頁　二二〇〇円
（二〇〇七年二月刊）
◇978-4-89434-560-7

LE CIEL ET LA MER　Alain CORBIN

現代人と「時間」の関わりを論じた名著

レジャーの誕生〈新版〉㊤㊦

A・コルバン
渡辺響子訳

仕事のための力を再創造する自由時間から、「レジャー」の時間への移行過程を丹念に跡づける大作。

A5並製　㊤二七二頁　口絵八頁
㊦三〇四頁
（二〇〇〇年七月／二〇一〇年一〇月刊）
各二八〇〇円
㊤◇978-4-89434-766-3
㊦◇978-4-89434-767-0

L'AVÈNEMENT DES LOISIRS(1850-1960)　Alain CORBIN